职业教育**经济管理类**
新形态系列教材

U0740008

公共关系实务

ECONOMICS AND MANAGEMENT

张耀珍 / 编著

人民邮电出版社
北 京

图书在版编目（ＣＩＰ）数据

公共关系实务：附微课 / 张耀珍编著. -- 北京：
人民邮电出版社，2023.7
职业教育经济管理类新形态系列教材
ISBN 978-7-115-61355-4

Ⅰ．①公… Ⅱ．①张… Ⅲ．①公共关系学－高等职业
教育－教材 Ⅳ．①C912.31

中国国家版本馆CIP数据核字(2023)第044677号

内 容 提 要

本书共有 5 个模块，分为 8 个项目，包括公共关系概述、公共关系组织机构设置与从业
人员素质、公共关系从业人员的交际修养与礼仪规范、公众与公众心理、公共关系传播与网
络公共关系、公共关系传播方法、公共关系工作程序、公共关系特殊活动等内容。

本书提供教学大纲、授课计划表、电子课件、文字和视频案例及其使用说明、练习题及
答案、模拟试卷及答案等配套资源，用书教师可在人邮教育社区（www.ryjiaoyu.com）免费下
载。

本书既可作为职业院校新闻传播、公共关系、公共管理、市场营销等专业相关课程的教
材，也可作为企事业单位管理者的自学参考书。

◆ 编　著　张耀珍
　　责任编辑　孙燕燕
　　责任印制　李　东　胡　南

◆ 人民邮电出版社出版发行　　北京市丰台区成寿寺路 11 号
　　邮编　100164　电子邮件　315@ptpress.com.cn
　　网址　https://www.ptpress.com.cn
　　大厂回族自治县聚鑫印刷有限责任公司印刷

◆ 开本：700×1000　1/16
　　印张：10.75　　　　　　　　　　2023 年 7 月第 1 版
　　字数：227 千字　　　　　　　　2023 年 7 月河北第 1 次印刷

定价：42.00 元

读者服务热线：(010)81055256　印装质量热线：(010)81055316
反盗版热线：(010)81055315
广告经营许可证：京东市监广登字 20170147 号

前言

党的二十大报告指出，培养造就大批德才兼备的高素质人才，是国家和民族长远发展大计。公共关系课程不仅能培养学生的公共关系意识，增强人际交往能力，还能帮助其全面掌握公共关系运作的原则与方法。为了实现培养更多公共关系人才的教育目标，编者编写了本书。

本书除了阐述公共关系基本理论的新发展成果，还介绍了公共关系实务的操作方法。全书共有 5 个模块，分为 8 个项目。

本书具有以下特点。

（1）本书根据实际工作需求，不仅介绍公共关系工作必须掌握的知识，而且介绍公共关系从业人员塑造个人形象需掌握的相关知识，尤其在公共关系从业人员的基本素质培养、礼仪和公共关系文书等方面有较为详细的阐述，有助于提升学生的素质。

（2）编写体例新，趣味性强。本书遵循教学规律和学习规律，以学习目标、引例、项目小结、项目练习题、项目实训等构建完整的体系。每个项目都结合社会焦点、经典事件编写案例，力求案例内容实用并与时俱进；项目练习题的题型有多项选择题、判断题、名词解释题、问答题、案例分析题，用于强化学生学习效果。重要知识点处设置了拓展阅读、精选案例、课堂讨论、情景模拟、问与答、查一查、想一想等辅助性栏目，部分知识点旁附有图示，以培养学生对公共关系的学习兴趣。

（3）本书提供教学大纲、授课计划表、电子课件、文字和视频案例及其使用说明、练习题及答案、模拟试卷及答案等配套资源，用书教师可在人邮教育社区（www.ryjiaoyu.com）免费下载。

在本书编写过程中，编者参考了国内外具有代表性的相关著作，引用了部分学者的观点，在此对有关著作的作者表示诚挚的谢意！感谢吴婧、侍星汝、成海为本书的编写承担了整理资料等琐碎的工作。

由于编者水平有限，书中难免存在疏漏之处，诚恳希望读者不吝赐教，提出宝贵意见，以使本书在以后的修订中日臻完善。

张耀珍

2023 年 4 月

目录

模块 1
公共关系认知

学习提示:

此模块是公共关系初学者认知公共关系理论和实践活动的第一站。

通过学习,初学者可从整体上把握公共关系这门学科的基本框架,领会

该学科的本质及特点,为后续的学习做准备。

项目 1　公共关系概述

【学习目标】

（1）知识目标：了解公共关系的内涵，对公共关系学有一定的认知。

（2）技能目标：从公共关系的发展历程来把握公共关系，理解其在组织中发挥的功能和作用。

（3）素质目标：培养正确的公共关系意识，能够主动运用公共关系理论开展公共关系工作。

引　例

蚂蚁森林项目赢得好口碑

2016 年 8 月，支付宝公益板块正式推出蚂蚁森林项目。这个项目的内容是用户根据自身的消费行为、运动行为等获得"绿色能量"，然后用"绿色能量"兑换树苗；用户每兑换一棵树苗或守护一块保护地，蚂蚁森林与其公益合作伙伴就会种下一棵真树或守护相应面积的保护地。蚂蚁森林中的"绿色能量"主要来自用户低碳出行、在线消费、在线缴费等行为，该项目意在培养和激励用户养成低碳环保的生活习惯。

蚂蚁森林 2020 年 9 月公布的数据显示，蚂蚁森林已种植树木 2.23 亿棵，绿化面积超过 306 万亩。这些树木不仅能抵御风沙，还能减缓水土流失，调节生态平衡，释放大量氧气。得益于环境保护方面的显著成就，蚂蚁森林在 2019 年获得了联合国环保领域的最高奖项——"地球卫士奖"，蚂蚁森林由此树立了企业口碑。该项目自运行以来，积极而开放地融入了较多的低碳场景，有助于提高用户活跃度并通过与用户之间的沟通和反馈，让用户感受到自己真实地为改善环境贡献了力量，将线上的虚拟行为转化为线下的真实行为，给用户以满足感。

公共关系学是一门非常实用的学科。严格来说，公共关系学应被理解为一门工具学科，被各行各业所需要。大到一个国家，小到一个企业、一个人，要树立良好的形象，都必须具备公共关系意识。公共关系在社会生活中的作用已被人们普遍认可。但是，当一些人打着公共关系的旗号做着违反公共关系原则的事情时，人们对公共关系的内涵、特征等又感到困惑。为此，本项目将对公共关系进行较为系统的阐述，并简要介绍公共关系的产生与发展。

1.1 公共关系的内涵与职能

公共关系的英文是 Public Relations，缩写为 PR，有时也被称作公众关系。其实，公众关系与公共关系在译法上无本质的区别，但公共关系中的"公众"不仅包括个人，还包括政府、社区、媒介等机构，而这些机构是公共事业单位，因此译为公共关系更便于理解。此外，这种译法已成为世界范围内中文的主流译法，因此，我们仍沿用公共关系，简称公关。初学者应当了解公共关系的定义、构成要素、基本特征、公共关系与庸俗关系的区别及公共关系的职能。

1.1.1 公共关系的定义

公共关系是社会组织（以下简称"组织"）为了塑造组织形象，运用传播手段与有关公众和谐相处时所采取的一系列政策、行动和手段。

具体来说，公共关系的定义包含以下 3 个方面。

① 公共关系活动的最终目标是要在公众的心目中树立起组织的良好形象。组织形象是一种印象和评价，是组织的表现与特征在公众心目中的反映。

② 组织通过公共关系传播手段影响公众。

③ 公共关系既是一门科学，又是一门艺术。公共关系是一种把科学性和艺术性有机结合起来的富有想象力和创造力的劳动。

精选案例

什么是公共关系

某公司的一位公共关系经理以小伙子追求姑娘为例来描述公共关系。如果小伙子对姑娘大献殷勤，竭力表达自己如何喜欢她，这不是公共关系，而是推销；如果小伙子精心修饰自己的容貌，并在姑娘面前表现得谈吐不俗、举止文雅，这也不是公共关系，而是广告；如果小伙子认定目标、制订计划、埋头苦干，以优秀的成绩获得他人对自己的优良评价，并把这种优良评价通过他人传播出去使姑娘知道，从而使姑娘对自己产生敬佩之情并逐渐转变为爱慕之意，这才是公共关系。

1.1.2 公共关系的构成要素

公共关系由公共关系主体——组织、公共关系客体——公众，以及公共关系中介——传播这 3 个要素构成。

1. 组织

组织是指政治组织、经济组织、军事组织、文化团体及民间组织等具体机构，它们可以发起和从事公共关系活动，是公共关系的主体。

2. 公众

公众是指与公共关系主体面临某种共同问题、享受共同利益的社会群体或个人。公众对组织的生存、发展具有实际的或潜在的影响。组织的公共关系活动，就是要与有关公众搞好关系。公众是公共关系活动的对象，是公共关系的客体。

3. 传播

传播指组织为了达成某个目标，而运用现代化大众传播媒介向公众传递信息、思想和观念的过程。传播是公共关系主体与客体之间沟通、联络的中介和桥梁。

组织、公众、传播这 3 个要素存在于同一个社会环境中，共同构成了公共关系。公共关系的目标是塑造良好的组织形象，以获得公众的信任与支持，从而为组织创造良好的发展条件。公共关系的构成要素及其关系如图 1-1 所示。

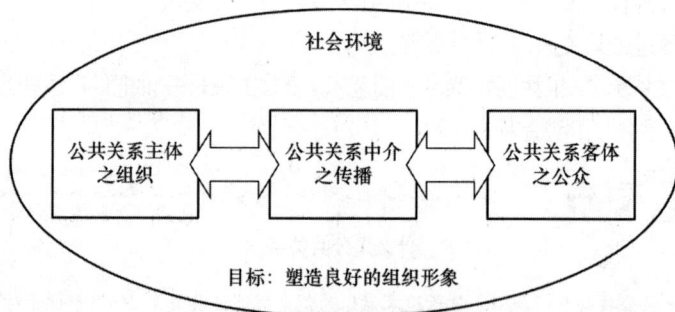

图 1-1　公共关系的构成要素及其关系

1.1.3　公共关系的基本特征

公共关系的基本特征是由其自身性质、主体目标、客体特征及传播方式决定的，可以概括为以下几个方面，如图 1-2 所示。

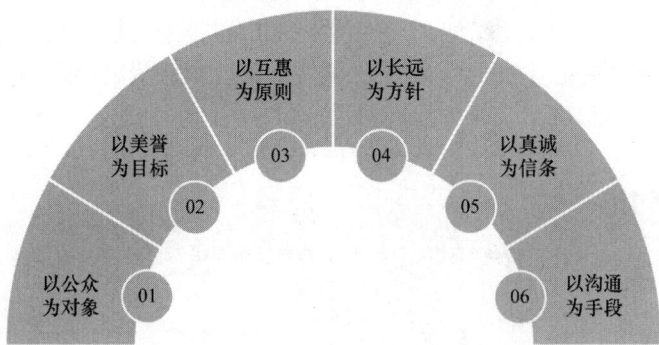

图1-2 公共关系的基本特征

1. 以公众为对象

公共关系是组织与构成其生存环境的内外公众间的关系。公众是公共关系的主要研究对象，一切工作均围绕公众展开。

2. 以美誉为目标

公共关系既不是一种政治关系，也不是一种经济关系，其评价尺度不是政治立场，不是经济指标，而是美誉度。美誉度是市场中人们对某一品牌的好感和信任程度。公共关系以较高的美誉度为工作目标。

3. 以互惠为原则

公共关系不以血缘、地缘为基础，而以一定的利益关系、业缘关系为基础。组织要生存发展，必须得到公众的支持；而要想得到公众的支持，就必须让公众得到利益。因此，要想持久地赢得公众的支持，组织必须做到与公众互利互惠，最终达到双赢的目的。

4. 以长远为方针

组织凭借公共关系在公众中树立良好的形象，绝非一日之功。树立形象的过程具有长期性，同时，形象一旦树立起来就不会轻易改变。因此，公共关系的长远性是与组织生存的长远性并行的。

5. 以真诚为信条

组织要追求长久的美誉，就一定要以真诚为信条。互利互惠也只有依靠真诚才能做到。特别是在市场经济条件下，公众对真诚的期望越来越迫切。组织唯有真诚才能长久赢得公众的合作与社会美誉。

6. 以沟通为手段

公共关系的信息只有通过沟通才能实现其价值。形象在沟通中塑造，美誉度在沟通中提高，合作在沟通中促成，目标在沟通中实现，无形资产在沟通中建立与积累。因此，公共关系目标与价值的实现离不开沟通。

以上 6 个方面综合地、系统地、多角度地构成了公共关系的基本特征。公共关系意识以此为基础，公共关系工作由此而展开，公共关系职能由此而设定。所以有人说，公共关系是根据其基本特征来看待公共关系事务并处理问题的。

✐ **课堂讨论**

你认为公共关系在塑造组织诚信形象方面能有所作为吗？怎样才能有效塑造组织诚信形象？

1.1.4 公共关系与庸俗关系的区别

由于公共关系需要协调沟通，包括人际交往等内容，所以有些人对公共关系的含义理解得不够准确，甚至有人认为公共关系就是关于"拉关系""走后门"的学问，这就把公共关系误解成了庸俗关系。公共关系与庸俗关系有着本质的区别，主要表现在以下几个方面。

1. 两者产生的社会基础不同

公共关系的产生有其社会基础（详见本书"1.2.1 公共关系产生的社会条件"）。庸俗关系则是生产力不发达、市场经济发育不完善、物资供应不充足的产物，它带有浓厚的血缘、地缘色彩。

2. 两者的理论依据不同

公共关系以现代科学理论为指导，按照正确的目标、科学的方式、规范的组织形式、严格的工作程序和道德准则来进行。庸俗关系则建立在市侩经验的基础上，使用的是险恶的权术，奉行的是"人不为己，天诛地灭"的信条。

3. 两者的对象不同

公共关系的对象是组织与公众之间、与国家之间、与其他企业之间、与社团之间公开的社会关系。庸俗关系的对象是各种私人关系。

4. 两者所代表的利益不同

公共关系将组织利益和公众利益有机地结合在一起。公共关系所追求的是组织在公众心目中的良好形象，强调通过组织的政策、行动来赢得公众的理解和支持。任何一个组织，只有在组织利益和公众利益相互协调、互利互惠的前提下才能得到发展，因此，组织利益和公众利益是一致的。而庸俗关系不顾及广大公众的利益，所追求的是小团体特别是个人的私利，甚至为了一时的利益，不惜损人利己、损公肥私，危害社会和公众的利益。

5. 两者的手段不同

公共关系以事实为基础，利用大众传播媒介，通过双向信息交流，协调组织与公众的关系，以取得公众对组织的了解和支持，因此公共关系从业人员采用公开的、合法的、符合社会道德准则的手段来塑造组织的良好形象，实现组织与公众的共同利益。而庸俗关系为逃避公众舆论的谴责和法律的制裁，总是采取隐蔽的、不正当的、不合法的手段进行私下交易，通过投机钻营以达到不可告人的目的，如徇私舞弊等，因此被形象地称为"走后门"。

6. 两者产生的效果不同

公共关系活动的结果是组织、社会和公众都受惠，从而为社会创造一种以诚相见、讲求信誉的良好风气，促进社会发展。庸俗关系则是将人际关系商品化，社会和公众的利益会因此遭到损害。

1.1.5 公共关系的职能

公共关系的职能指公共关系对组织、个人及整个社会所承担的基本职责和所发挥的功能。公共关系具有以下 4 个方面的职能，如图 1-3 所示。

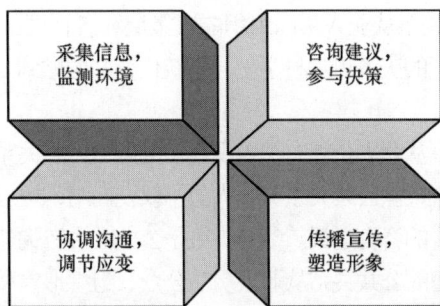

图 1-3 公共关系的职能

1. 采集信息，监测环境

公共关系工作一般是从采集信息开始的，这是开展公共关系工作的必要前提。有效运用各种信息，使组织对环境的变化保持高度的敏感，这是公共关系工作的一个重要方面。

（1）采集信息

采集信息指公共关系从业人员选择及收集有关的公共关系信息以促进组织的发展。公共关系信息的来源及内容都与组织的相关公众密不可分。信息来源于制约和影响组织生存和发展的公众，包括内部公众和外部公众，因而公共关系工作所需的信息包括内源信息和外源信息。内源信息主要指来自组织内部各方面的信息和动态。外源信息指有关组织所处的外部环境的信息和动态。公共关系部门作为组织的信息中心，所收集的信息内容不仅包括与组织直接相关的业务信息，而且包括政治、经济、文化、科技、民情等全方位的社会信息，以及与组织形象有关的信息——产品形象信息、组织形象信息等。

（2）监测环境

监测环境指公共关系从业人员观察和预测影响组织目标实现的公众情况和各种社会环境的情况，使组织对环境的发展变化保持清醒的头脑、敏锐的感觉和灵敏的反应，从而保证科学地塑造组织形象，实现组织目标。组织的环境是由组织的公众以及其他影响组织生存、发展的社会政治、经济、文化等因素组成的。环境的变化往往对一个组织的生存、发展起着重要的推动或制约作用。公共关系从业人员担负着严密地观察环境，根据环境变化进行科学预测的任务。一般来说，公共关系从业人员应注意国内外政治动态及政府决策、立法信息、金融信息、文化科技信息、新闻舆论热点、时尚潮流、民族风俗及大众意识的更新等，并注意分析这些信息对组织的直接或间接的影响，使组织对环境保持清醒认识和敏锐感觉，合理地制定或调整本组织的目标。

2. 咨询建议，参与决策

公共关系的咨询建议与采集信息是密切相关的。咨询建议和参与决策是公共关系最有价值的职能，因此公共关系行业也被称为"咨询业""智业"。

（1）咨询建议

咨询建议是指公共关系从业人员向组织的决策层和各管理部门提供公共关系方面的意见和建议，从而使组织的决策更加科学化、系统化，并照顾到公众的利益。

（2）参与决策

参与决策指公共关系从业人员就有关组织环境问题、公共关系问题向组织决策机构提供建议，直接参与组织决策。公共关系从业人员不仅要向组织提出一般性的咨询建议，而且要为领导决策提供必要的咨询建议。参与决策是公共关系咨询建议职能的最高表现形式。

值得强调的是，组织的公共关系从业人员从公众、组织形象和传播沟通等角度为组织的决策者提供咨询服务，因而公共关系从业人员的信息建议不同于组织内其他部门提出的建议，具有特殊的价值。

3. 协调沟通，调节应变

协调沟通，调节应变的目的是实现内部团结、外部和谐的良好生存状态。

（1）协调沟通

协调沟通指公共关系从业人员通过一些日常交往活动与公众建立广泛的联系，培养公众对组织的感情，赢得他们对组织的理解和支持。协调沟通侧重于组织与公众之间的双向交流，以达到组织与公众互惠互利、和谐发展的目的。公共关系发挥协调沟通职能的情况主要有 3 种：一是协调组织内部领导与员工之间的利益与关系，二是协调组织内各部门、各环节之间的利益与关系，三是协调组织与外部公众之间的利益与关系。

（2）调节应变

调节应变指公共关系从业人员根据对环境因素变化的高度敏感，促使组织相应地改变自身以适应环境因素的变化。公共关系作为组织对外交往的"名片"和与各界人士沟通的桥梁，发挥调节应变的功能可及时缓和各种社会冲突，使组织与内外公众保持友好、合作的社会关系。尤其是当组织的各项经营活动损害公众利益、突发危机时，组织更应重视运用公共关系的手段，以公众利益为出发点，妥善调节公共关系。

✏️ **想一想**

浙江某地的一家石灰厂因处置不当，导致烟尘污染严重，附近居民的房屋被侵蚀，金属锈迹斑斑，农作物枯死，很多居民都患上了呼吸道疾病。群众多次反映，但厂领导不予理睬，最后大家忍无可忍，挑水浇灭了石灰窑。纠纷上诉到法院，法院审理后，判决石灰厂停办转产。

这家石灰厂在处理公共关系方面，最关键的失误之处在哪儿？

---

4. 传播宣传，塑造形象

公共关系在组织经营管理中有着传播宣传的职能，能够提高组织及其产品、人员的知名度和美誉度，为组织创造良好的社会舆论，树立良好的社会形象。

（1）传播宣传

传播宣传指公共关系部门将本组织的信息真实、准确、及时、有效地传送给特定的公众对象，从而为组织塑造形象创造良好的舆论氛围。

传播宣传的目的主要体现在两个方面：建立舆论和引导舆论。组织要充分利用新闻媒介的力量，因势利导地把握舆论宣传的主动权。

（2）塑造形象

塑造形象指公共关系能帮助组织建立并维护良好的形象。在市场经济条件下，组织之间的竞争不仅表现为产品质量竞争、技术竞争、价格竞争，而且扩展到组织形象的竞争。形象是组织的无形财富。

❓ **问与答**

问：曾经有人说，如果可口可乐公司遍及世界各地的工厂在一夜之间被大火烧光，那么第二天世界各大媒体的头条新闻就是各国银行巨头争先恐后地向可口可乐公司发放贷款，你认为这种说法成立吗？

答：非常有可能成立。因为可口可乐公司已经被世界接纳。通过长期有效的公共关系工作，可口可乐公司为自己树立了良好的形象，人们不会让这样的形象消失。这说明良好的形象对企业来说是一笔重要的无形资产，它能够为企业的产品或服务创造一种消费环境，从而提升企业的竞争能力，帮助企业赢得公众的信任。

1.2 公共关系的产生与发展

公共关系作为客观存在的社会关系和社会现象有着悠久的历史。本节将追溯公共关系产生的源头，介绍其发展的过程。

1.2.1 公共关系产生的社会条件

公共关系产生于20世纪的西方，它的产生与当时的经济、技术和文化等方面的社会条件有关。也就是说，公共关系是当时的经济、技术与文化等条件综合作用下的必然产物。

1. 商品经济的繁荣是公共关系产生的经济基础

自然经济条件下曾出现过一些较大规模的商品集散地，它们彼此间的贸易也十分活跃和频繁。但是这些实践活动都是盲目的、自发的，只能看成某些公共关系意识的萌芽。之后，分工带来生产的社会化，使得各企业、工厂之间联系密切。因此，各企业不得不运用公共关系来增进彼此间的了解，建立良好的协作关系。所以，商品经济的繁荣提供了充分的社会基础和良好的经济条件，使现代公共关系不仅有了发展的可能，而且成了社会发展的必然产物。

2. 大众传播技术的发展是公共关系产生的物质条件

科技的每一次发展都是人类文明史上的飞跃。21世纪以来，科学技术，尤其是计算机网络技术、电子信息技术的飞速发展，在一定程度上改变了人们的生活方式，"地球村"的出现为人们进行大规模交流提供了可能。所以，大众传播技术成为公共关系产生的科学技术条件，为公共关系的产生提供了物质基础。

3. 文化心理从"理性"转向"人性"是公共关系产生的思想条件

20世纪初，美国的泰勒创立了科学管理理论。在对人的激励上，泰勒过于强调人的经济性，把经济手段视为调动工人积极性的唯一手段。20世纪20年代，哈佛大学教授梅奥在著名的霍桑实验中提出的人群关系理论和行为科学，使管理者认识到在管理的一切要素中，人是最活跃、最积极的能动主体，应充分考虑不同环境下人的基本要求、性格取向。人性管理的目的是塑造具备职业素养、能发扬职业精神的各种人才。文化心理的深刻转变，为公共关系的产生奠定了思想基础。

正是得益于上述各方面因素，公共关系这门崭新的学科才得以产生和发展，以令人耳目一新的面貌立于世界学科之林。

1.2.2　公共关系在世界范围内的产生与发展

公共关系作为一种职业和一门学科，最早产生于美国，但其作为一种客观的社会现象、一种朴素的思想意识和人类不自觉的社会活动，却早已问世了。

1.公共关系的萌芽

在古希腊，社会非常重视沟通方法，有些深谙沟通学问的一流演说家常常被推为首领。古希腊哲学家亚里士多德的经典著作《修辞学》，被西方公共关系学界认为是最早问世的公共关系学的理论著作。早在周朝，我国就有了类似于公共关系的观念与活动，如"防民之口，甚于防川"的观点与现代公共关系重视信息反馈的观点是一致的。

公共关系萌芽于古代社会，萌芽的基础是对民众形象的认识。在这一历史时期，人们在不自觉地从事着各种具有公共关系性质的活动，而且这些活动一般都在很小的范围内进行，仅仅是类公共关系活动或准公共关系活动而已。

扫一扫案例讲解视频

杜邦的"门户开放"

╾╾ 精 选 案 例 ╾╾

子产不毁乡校

春秋时期，郑国人常在乡校里聚会，议论执政者。然明对子产说："把乡校关闭了，您看怎么样？"子产说："为什么关闭？人们早晚劳动之余到这里聚会，议论施政措施的好坏。他们认为好的，我就去实行；他们厌恶的，我就改正。他们是我们的老师啊！为什么关闭它呢？我听说过诚心为善以便减少怨恨，但没听说过用权势（指使用惩罚手段）来防止怨恨。还不赶快停止毁掉乡校的念头！这样做就如同防川，在大的决口所造成的灾害中，受伤的人一定很多，我没法挽救，不如开个小口来导流。对于人们的议论，不如听到后把它当作治病的苦口良药。"然明说："我现在才相信您的确能把国家治理好。我原来的想法实在愚蠢。如果真的这样做，那郑国确实要依靠您，岂能只靠我们几个做官的呢！"此后，弱小的郑国在子产和然明的治理下，呈现政通人和的气象。

子产把乡校作为获取百姓对政事反馈的场所，并根据百姓的意见调整自己的政策和行为。子产在执政时重视听取百姓的意见，还把刑书铸在鼎上公布于世，努力协调统治者与被统治者之间的关系，颇得百姓的爱戴，从而使郑国强盛起来。从这个事例中可知，我国悠久的历史文化中蕴藏着丰富的"公共关系"思想和活动。

2. 公共关系的产生

公共关系的产生经历了 3 个阶段，即美化宣传阶段、丑化宣传阶段和深刻反思阶段。

（1）美化宣传阶段

美化宣传阶段是从世界上第一份廉价、大众化的报纸——美国"便士报"的产生开始的。当时的商品宣传带有太多的虚假成分，因此该时期被历史学家戏称为"美化宣传时期"或"公众受愚弄时期"。

19世纪30年代，美国报界掀起了一场"便士报"运动，即报纸以低廉的价格和通俗的内容去争取大量的读者，报纸发行量大增，广告费也随即迅速上涨。有些公司和其他组织为了省下广告费，便雇用专门的人员来制造煽动性新闻或关于自己的神话，以此来扩大自身的影响。报纸为了迎合读者的阅读心理，也乐于发表此类内容。这样两相配合，就出现了美国历史上有名的"报刊宣传活动"。当时最具代表性的人物是巴纳姆，因此这个时期也被称为"巴纳姆时期"。

> ### 📢 课堂讨论
>
> 巴纳姆是美国知名的游艺节目演出经理人，他曾制造一则关于海斯在100年前曾养育过美国第一任总统乔治·华盛顿的"新闻"。这一"新闻"引起了美国社会的轰动。巴纳姆又乘势使用不同笔名向报社寄去"读者来信"，人为地引起一场讨论。有的来信说，巴纳姆所谓的"海斯的故事"是个骗局；有的来信说，巴纳姆发现了海斯是一大功劳。巴纳姆说"凡宣传皆是好事，只要报社没有把他的名字拼错，随便怎么说他都无妨。"海斯死后，她的尸体解剖结果表明，海斯不过80岁左右，并非巴纳姆所说的161岁。对此，巴纳姆厚颜无耻地表示"深感震惊"，还说他本人也受到了欺骗。其实作为这场骗局的策划者，他达到了真正的目的：从那些希望一睹海斯风采的人那里获得可观的门票收入。巴纳姆不仅能够熟练地利用大众传媒制造"新闻"、愚弄公众，还善于推波助澜，使事件朝着他希望的方向发展。但是，他的这种宣传丝毫不顾及公众的利益，因此，人们才把整个"巴纳姆时期"称为"公众受愚弄时期"。
>
> 当前有的商家置公众利益于不顾，肆意编造谎言和"神话"，利用新闻媒介"愚弄公众"，牟取暴利，结合上述案例，你对此怎样评价？

（2）丑化宣传阶段

实业界和广告业无原则地美化宣传愚弄了公众，造成公众对宣传的不信任，尤其是对广告的不信任。当时，这种把新闻媒介视为异己，或利用新闻媒介"愚弄公众"的现象，引起了新闻媒介的不满，报纸、杂志率先揭露实业界那些"强盗大王"的丑闻。于是，一些作家和记者发起了一场揭露广告虚假面和阴暗面的运动。据统计，1903—1912年，几乎每天都有揭丑文章刊登在报纸上，同时还有社论和漫画。这种情况持续了将近10年，形成了美国近代史上著名的"清垃圾运动"（又称为"扒粪运动""揭丑运动"）。揭丑文章沉重打击了当时新兴的广告业和利用广告做宣传的企业，迫使其进行反思，公共关系也因此进入一个新的发展阶段——深刻反思阶段。

（3）深刻反思阶段

在这个阶段，企业家们认识到，必须纠正过去的错误观念，对公众讲真话，只有这样才能使企业真正在公众心目中树立起良好的形象。深刻反思阶段开始于20世纪初，是由被誉为"公共关系之父"的艾维·李发起的。

① 艾维·李时期——现代公共关系职业化的开始。

艾维·李出生在美国佐治亚州的一个牧师家庭，毕业于普林斯顿大学，早年受雇于《纽约时报》。他在美国无烟煤业罢工期间发表过一篇非常有名的文章《共同原则宣言》。在这篇文章中，他阐明了公共关系思想——"公众必须被告知""说真话"，这是公众第一次被放在与企业平等的位置上，并奠定了诚实传播的公共关系职业道德基础。艾维·李于1903年成立了世界上第一家具有公共关系性质的企业——宣传顾问事务所，以收费的方式为客户提供许多有效的传播沟通服务。这标志着公共关系职业的诞生，艾维·李因此成了开创公共关系职业的先驱。艾维·李提出公共关系措施的基本思想是"讲真话"，他反复向客户灌输这些内容：凡是有益于公众的事业，最终必将有益于企业和组织。他呼吁企业不要唯利是图，提倡企业实行人性化管理，倡导公共关系从业人员进入企业的最高管理层。

艾维·李为科学公共关系的建立和发展奠定了强有力的基础，被称为"公共关系之父"。但艾维·李公共关系工作的不足之处在于：只凭经验和直觉，缺少科学理论指导。所以，有人说他的公共关系工作只有艺术，没有科学。

② 爱德华·伯奈斯时期——现代公共关系学科化的开始。

使公共关系学科化的旗手是爱德华·伯奈斯。爱德华·伯奈斯于1891年出生于维也纳，刚满一岁时移居美国。他在第一次世界大战期间开始将公共关系付诸实践，为演员、总统、公司和政府等提供咨询。爱德华·伯奈斯于1923年发表了有关公共关系学的第一部里程碑式的著作——《舆论之凝聚》；同年在纽约大学讲授公共关系课程时，第一次多角度使用"公共关系"一词。此后他写了大量的理论著作，是一位使公共关系由活动、社会现象变成一门学科的杰出人物。

继爱德华·伯奈斯之后，经过众多学者的努力，公共关系成了一门充满时代特征、具有强大实用性的新兴学科，并以崭新的身姿立于学科之林。

3. 公共关系的发展

1926年，英国成立了官方公共关系机构——"皇家营销部"。在20世纪30年代大萧条期间，该部门全力支持英国政府"买英国货"的号召，开展了全方位的公共关系活动，取得了惊人的成绩，从而使英国人开始对公共关系的作用刮目相看。

从20世纪30年代到第二次世界大战（以下简称"二战"），公共关系获得了长足的进步与发展。1935年，美国公立学校公共关系学会成立。1937年，美国著名公共关系学者雷克斯·哈洛在斯坦福大学开设公共关系课程；同年，美国《商业周刊》发表第一篇公共关系职业报告，报告显示，当时全美国有公共关系专业人员5000人，公共关系公司250家，在全美国比较大的公司中，大多设有公共关系部。1939—1945年，《公共关系季刊》等专业性杂志在美国相继出版。1947年，波士顿大学创办了第一所公共关系学院，培养公共关系学士及硕士。

"二战"结束后，公共关系进入了全面发展的时期。公共关系活动日益成为一种世界级活动，许多国家出现公共关系机构。1948年，美国公共关系协会成立，制定了公共关系从业人员职业守则，从而使公共关系活动进入了制度化、规范化的发展轨道。1955年，国际公共关系学会在伦敦成立。从此，公共关系作为一个世界性的行业而独立存在。

20世纪50年代以后，公共关系的面貌发生了巨大的变化，其特征主要有两个：一是公共关系的理论研究与实践的结合日益紧密，理论体系逐渐形成并日臻完善；二是公共关系走向世界，公共关系活动的开展已成为一种全球现象。

20世纪80年代以后，现代公共关系朝着理论系统化、科学化，技术手段现代化，公共关系活动国际化的方向发展，最具代表性的事件是"公共关系营销"的兴起。从此，公共关系有了产业依托，营销进入了"大营销"时代。

20世纪末至21世纪初，随着互联网的广泛运用，人类在沟通传播领域经历了一场革命，网络公共关系应运而生。方便快捷、成本低廉的网络公共关系帮助不少企业度过形象危机，重塑企业信誉。网络公共关系也蕴藏着巨大的商机，进入互联网时代后，正所谓"无企业，不公关"。凡此种种，公共关系在当代正可谓方兴未艾、任重而道远。

1.2.3　公共关系在我国的发展与展望

中华人民共和国成立以前，我国有不少企业有效运用公共关系达成目标的例子，但这些活动没有经过系统的理论指导，也没有形成规模，企业更没有长期、有计划地开展公共关系活动的打算。1978年，党的十一届三中全会召开以后，为适应市场经济发展的需要，公共关系很快在我国这片广袤的土地上生根发芽并壮大起来。

1. 公共关系在我国的发展历程

纵观我国的公共关系发展史可以发现，公共关系作为一种新的经营管理理论和方法传入我国后，呈现由南向北、由东向西、由服务业企业向工业企业、由外资企业向国有企业、由企业组织向政府组织逐步发展的格局，而且发展过程也呈现明显的阶段性。

（1）拿来主义时期（1980—1986年）

1980年，我国在深圳、珠海、汕头和厦门试办经济特区。不久之后，公共关系从业人员出现，深圳的一些"三资"企业设立了公共关系部。1982—1984年，广州白天鹅宾馆、深圳竹园宾馆、广州中国大酒店和广州白云山制药厂相继设立了公共关系部。广东电视台以宾馆、酒楼的公共关系活动为题材，拍摄了我国第一部反映公共关系理论与实践的电视连续剧《公关小姐》。1986 年，我国第一个民间公共关系组织——广东地区公共关系俱乐部成立。

此时，有的国际公共关系公司看准时机，抢先占领我国市场，如当时的世界第二大公共关系公司希尔·诺顿公共关系公司等，它们带来的新思路、新的国际操作规范都促进了我国本土公共关系公司的出现和成长。

（2）自主发展时期（1986—1993 年）

在这个时期，从国外引进的公共关系理论促进了我国公共关系事业的职业化及公共关系研究的学科化。这个时期的发展有以下几个特点。

① 行业协会涌现，职业网络出现。1987 年 6 月 22 日，中国公共关系协会在北京成立，这标志着公共关系在我国已得到正式确认和接受。紧接着，深圳等地先后成立了省（市）级的公共关系协会、学会、研究会和俱乐部等组织。1991 年 4 月 26 日，中国国际公共关系协会在北京成立，标志着我国的公共关系事业已开始走向规范化、专业化、一体化。

② 公共关系出版物丰富，学术成果推广快。我国第一部公共关系学专著是中国社会科学院新闻研究所公共关系课题组编著的《塑造形象的艺术：公共关系学概论》，于 1986 年由科学普及出版社出版。这是一部全面而系统地论述公共关系理论和实践的专著。1993 年 8 月，我国当时最具代表性的一部公共关系巨著——550 万字的《中国公共关系大辞典》问世。在传媒方面，1988 年 1 月 31 日，由浙江省公共关系协会主办的《公共关系报》在杭州创刊。1989 年 1 月 25 日，陕西省公共关系协会和中国公共关系专业委员会联合主办的《公共关系》杂志在西安面世。专业性的公共关系传播媒介的发展，极大地推动了公共关系的普及并使其向纵深发展。

③ 公共关系培训活跃，教育层次多样化。1985 年，深圳大学传播系创办了第一个公共关系专业（专科），公共关系开始步入高等学府的课堂。1987 年，中华人民共和国国家教育委员会（以下简称"国家教委"，现为中华人民共和国教育部）正式批准把公共关系课纳入教学计划，把公共关系学列为行政管理、工业经济、企业管理、旅游经济、市场营销、广告学、新闻学等专业的必修课。1994 年，经国家教委批准，中山大学创办了我国第一个公共关系本科专业，同时该校行政管理专业的硕士点也开始招收公共关系研究方向的研究生。

④ 公共关系科学研究和实践渐有成效。1986 年 3 月，公共关系与现代化研讨会及公共关系和新闻工作研讨会在广州和北京分别召开。1987 年 7 月，全国高校公共关系理论研讨会在杭州召开。1988 年 5 月，由中国环球公共关系公司和博雅公共关系公司联合主办的首届国际公共关系专业研讨会在北京召开。1989 年 12 月，第一届全国高校公共关系教学研讨会在深圳召开。

这一时期的公共关系事业虽然发展到了一定的规模，取得了不少成绩，但活动的层次较低，还有少数人将公共关系庸俗化，这引起了社会上一部分人对公共关系的误解。

（3）成熟发展时期（1993 年至今）

20 世纪 90 年代初，公共关系在我国进入了稳步发展时期，我国公共关系的发展主要表现在以下几个方面。一是公共关系职能部门渗透到各行各业。二是职业公共关系公司发展成熟。三是外资公共关系公司纷纷抢占我国市场。这极大地推进了我国公共关系市场的形成和发展。四是公共关系职业得到确认。中华人民共和国劳动和社会保障部（现为中华人民共和国人力资源和社会保障部）于 1997 年定下了"公关员"的职业名称。1997 年 11 月中国公共关系职业审定委员会成立，标志着我国的公共关系开始真正走上职业化和行业化的道路。五是公共关系的实践运作逐步繁荣。1996 年创立的"中国国际公共关系大会"每两年举办一次，该大会从战略高度探讨了中国公共关系市场和业务的发展，获得了一系列学术成果和行业成果，而大会期间举办的"中国最佳公共关系案例大赛颁奖典礼"则吸引了业界人士的广泛关注。2022 年 1 月，中国国际公共关系协会成立 30 周年庆典活动在北京举行，提出公共关系行业将不断提高专业化水平，步入国际化新阶段，助力国家形象传播，这对于中国公共关系行业的发展有重要意义。

🔍 **查一查**

2003 年，中国国际公共关系协会宣布，将每年的 12 月 20 日定为"中国公关节"。请查一查"中国公关节"的相关内容。

2. 我国未来公共关系的发展

我国的公共关系事业从无到有，得到了飞速发展。展望未来，我国公共关系的发展将呈现以下态势。

（1）公共关系市场趋向国际化

在国际化背景下，国内公共关系公司承接跨国公司的许多公共关系业务，甚至走出国门，以及国外公共关系公司进入国内市场将成为常态。具体表现在以下几个方面：更多的国际公共关系公司挺进中国市场；国内公共关系公司将不断发展壮大，业务趋向国际化；公共关系市场资源整合、资本加速进入的趋势明显。

🔍 **查一查**

请你了解蓝色光标的并购之路。

（2）公共关系实务趋向专业化、职业化

回顾公共关系产生与发展的历程，公共关系公司的专业化水平在提高，职业化程度也在逐渐加深。具体表现在以下两个方面。一是专业化服务水平进一步提高。公共关系公司将从简单的日常公共关系项目的执行，逐步向高层次整合策划、顾问咨询和品牌管理方面转变；公共关系公司的业务操作规范更加国际化、标准化，它们将按照国际统一的标准提供服务。专业服务技术的研发和新型服务手段的使用，将逐步改变目前国际公共关系公司占据高端市场、本土公共关系公司只能占据中低端市场的格局。二是专门化的公共关系公司层出不穷。随着针对不同行业的专门化公共关系公司的出现，如金融公共关系公司、通信公共关系公司和旅游公共关系公司等，这种专门化的公共关系公司将给组织带来更为全面、到位的服务。

（3）公共关系手段数字化

随着互联网多媒体时代的到来，网络已经成了主流媒体，它支持公共关系传播的发展。电子邮件、介绍组织形象的网页、网上新闻、网上展览、网上市场调查和网上新品推广等，使得公共关系传播的平等性、双向性和反馈性得到大幅度提升，信息传播双方已成为真正意义上的交流伙伴，实现了更深层次的互动。伴随着高科技的发展，以及互联网、新媒体的迅速发展，公共关系传播将有更多的对话和互动，传播方式的革命还将继续。未来的公共关系手段将更加数字化，人们会在新媒体时代实现真正意义上的人际互动。

（4）网络公共关系的规制将加强

作为网络时代的新生事物，网络公共关系在抢占优势，助力企业品牌建设的同时，也出现了鱼龙混杂的局面，一些损害网络公共关系服务声誉的现象也随之出现。在这种背景下，继向所有网络公共关系从业者及网络公共关系公司发出"绿色网络公关"倡议之后，中国国际公共关系协会于 2010 年 3 月 16 日在北京发布了《网络公关服务规范》(指导意见)，这是我国针对网络公共关系业务发布的首份行业标准文件。努力自律的网络公共关系行业，其品牌效应将会显现。

此外，公共关系将逐步进入组织管理的战略层面，公共关系教育规模将不断扩大，公共关系人才市场将逐渐形成，公共关系领域将进一步拓宽，公共关系的价值将越来越得到公众的认可。

📖 项目小结

公共关系作为一门独立完整的学科，有其特定的定义、要素和特征。本项目介绍公共关系最基本的理论问题，主要包括以下几点。

（1）公共关系是组织为了塑造组织形象，运用传播手段与有关公众和谐相处时所采取的一系列政策、行动和手段。

（2）公共关系的构成要素是组织、公众和传播。其自身性质、主体目标、客体特征及传播方式决定了公共关系的基本特征为：①以公众为对象；②以美誉为目标；③以互惠为原则；④以长远为方针；⑤以真诚为信条；⑥以沟通为手段。

（3）公共关系产生的社会条件：①商品经济的繁荣；②大众传播技术的发展；③文化心理从"理性"转向"人性"。

（4）公共关系的产生与发展。公共关系作为一种客观存在的社会关系和社会现象有其久远的历史，可追溯到古代社会人类文明开始的时候。不过，其作为一种专门化的社会职业，成为一门较为系统和完善的学科，却只有100多年的时间。由于艾维·李和爱德华·伯奈斯等人的杰出贡献，公共关系事业进入了前所未有的现代发展时期。

（5）公共关系在我国的发展历程及阶段性特点。公共关系进入中国，并在理论上被认可、在实践中被加以系统运用，迄今只有40多年，然而它受到人们的普遍关注和重视，对我国的经济和社会发展产生了积极的影响。

项目练习题

一、多项选择题

1. 公共关系的构成要素包括（　　）。

　　A. 组织　　　　　　　B. 公众　　　　　　C. 形象　　　　　　　D. 传播

2. 下列属于公共关系基本职能的有（　　）。

　　A. 采集信息，监测环境　　　　　　B. 咨询建议，参与决策

　　C. 协调沟通，调节应变　　　　　　D. 传播宣传，塑造形象

3. 公共关系的本质属性有（　　）。

　　A. 个人之间的传播沟通

　　B. 公众与个人之间的传播沟通

　　C. 公共关系主体与公共关系客体之间的传播沟通

　　D. 组织与公众之间的传播沟通

4. 20世纪初，美国新闻界大量发表指责企业丑行的文章和漫画，被称为（　　）。

　　A. 揭丑运动　　　B. 巴纳姆运动　　　C. 报刊宣传活动　　　D. 清垃圾运动

5. 不属于公共关系传播活动特征的有（　　）。

　　A. 以宣传产品为目标　　　　　　B. 以灌输政治信仰为目标

　　C. 以塑造组织形象为目标　　　　　　D. 以实现眼前利益为目标

6. 1923年，爱德华·伯奈斯出版的有关公共关系学的第一本里程碑式的专著不包括（　　）。

　　A.《舆论之凝聚》　　　　　　B.《公共关系学》

　　C.《有效的公共关系》　　　　　　D.《原则宣言》

二、判断题

1. 公共关系就是拉关系、走后门。（　　）

2. 公共关系是内求团结、外谋发展、树立形象、推销自己的艺术。（　　）

3. 公共关系的目标是实现组织与公众利益的最大化。（　　）

4. 公共关系作为人类社会活动的一种客观状态早已存在，然而它专门作为一种职业是从20世纪初开始的。（　　）

5. 巴纳姆的传播信条是"凡宣传皆好事"。（　　）

6. 艾维·李以"说真话"来建立自己的职业信誉。（　　）

7. 从严格意义上说，公共关系产生于现代工业社会，它是现代大工业生产发展的必然产物。（　　）

8. 纵观公共关系产生和发展的历史，可以发现公共关系的学科化和职业化是同步的。（　　）

三、名词解释题

公共关系　　公共关系的构成要素

四、问答题

1. 如何理解公共关系的内涵？

2. 公共关系的基本特征是什么？研究、确定公共关系的基本特征有什么价值？

3. 公共关系与庸俗关系有何区别？

4. 结合公共关系产生和发展的社会条件，说明在古代社会为什么只有准公共关系。

5. 公共关系在世界范围内的兴起和发展大致经历了哪几个阶段？

6. 艾维·李和爱德华·伯奈斯对于公共关系学的主要贡献分别是什么？

7. 结合实际情况分析艾维·李"说真话"的公共关系思想。

8. 试比较巴纳姆、艾维·李、爱德华·伯奈斯公共关系信条的异同，并以此说明公共关系理念不断进步的过程。

9. 我国公共关系在发展过程中呈现哪些趋势？

10. 你认为如今我国公共关系界还存在哪些问题？对此你有什么意见和建议？

五、案例分析题

南门立木

商鞅曾起草了一项改革的法令，但是他怕老百姓不信任他，不按照新法令去做，于是就叫人在都城的南门立了一根三丈高的木头，并下令："谁能把这根木头扛到北门，就赏十两金子。"不一会儿，南门处围了一大堆人，大家议论纷纷。有的说："这根木头谁都扛得动，哪儿用得着十两赏金？"有的说："这大概是左庶长在开玩笑吧。"大伙儿你瞧我，我瞧你，就是没有一个敢上去扛木头。商鞅知道老百姓还是不相信他，于是就把赏金提到五十两。赏金越高，看热闹的人就越觉得不可能，仍旧没人敢去扛。正在大伙儿议论纷纷的时候，人群中有一个人跑出来，说："我来试试。"他说着，把木头扛起来就走，一直扛到北门。商鞅立刻派人赏给扛木头的人五十两金子，一点儿也不少。这件事立即传开了，一下子轰动了秦国。老百姓说："左庶长的命令不含糊。"商鞅知道，他的办法已经起了作用，于是就把起草的新法令公布了出来。新法令赏罚分明，规定官职的大小和爵位的高低取决于在战场上的功绩，贵族没有立军功的就没有爵位；多生产粮食和布帛的，免除官差；凡是因为做买卖和懒惰而贫穷的，连同妻子儿女都罚做官府的奴婢。自商鞅变法以后，秦国农业产量增加了，军事力量也强大了。

请分析"南门立木"事件何以对秦国的强盛发挥了重大的作用。

📖 项目实训 ▨▨▨▨▨▨▨▨▨▨▨▨▨▨▨▨▨▨▨▨▨▨▨▨▨▨▨▨▨▨▨▨▨▨▨▨

项目实训一："公共关系"大家说

1. 实训目的

（1）真正理解什么是公共关系，并能够用自己的语言准确表述。

（2）通过对公共关系理论界前沿、热点问题的探索，提高对公共关系原理的掌握水准，提升领悟和驾驭能力。

2. 实训内容

（1）说明"什么是公共关系"，要求内容及语句完整，表述清楚。

（2）经过讨论，明确所列举的活动具有公共关系性质，属于公共关系活动。

（3）小组代表发言，对小组活动情况进行真实概括，总结性要强。

3. 实训设计

（1）全班4~5人一组，分成若干小组。

（2）以小组为单位，每人用一句话说明什么是公共关系。

（3）以小组为单位，每人说出1~2件在生活中观察到的公共关系活动。

（4）每组派代表在全班做总结发言。

（5）评分标准：小组自我评分占20%，学生互评占50%，教师评分占30%。

项目实训二：技能训练

1. 实训目的

了解公共关系涉及的相关工作。

2. 实训内容

请留意你所在的学校（或其他单位）的领导（如校长、院长等）近期的工作，你认为他的哪些工作属于公共关系工作？

3. 实训设计

本班的学生分为若干小组，通过走访当地公众，收集他们对公共关系的看法以及对公共关系定义的理解，然后结合在本项目中学习的内容，集中讨论（每组选出一名学生进行讲解）公共关系的定义、特征、职能，以及目前社会对公共关系的误解。各小组制作一份可以讲10分钟的PPT并在课堂上进行汇报交流，汇报时其他小组可质疑、补充，台上台下互动。教师打分标准：介绍占20%，分析占20%，结论占20%，回答问题占20%，PPT展现效果占10%，团结协作与精神风貌占10%，教师要对每组的讨论情况即时进行点评。

模块 2
公共关系主体

学习提示：

此模块介绍公共关系组织机构和从业人员的相关知识。公共关系从

业人员及其所属组织机构的素质优劣，决定着公共关系活动的成功与否，

还会对组织形象产生影响。

项目2 公共关系组织机构设置与从业人员素质

【学习目标】

（1）知识目标：理解与掌握公共关系的组织机构设置，了解公共关系从业人员应具备的素质。

（2）技能目标：掌握公共关系组织机构的分类，了解实现全员公关的途径。

（3）素质目标：培养全员公关的意识，自觉增强素质和能力。

引 例

G20 杭州峰会的中国元素传播策划

2016 年 9 月，G20 杭州峰会隆重开幕，这次峰会的主题为构建创新、活力、联动、包容的世界经济。这也是中国首次举行 G20 峰会。

G20 杭州峰会的餐具上充满了中国元素。国宴餐具使用的是玛戈隆特"西湖盛宴"，其设计者是丝绸之路文化发展（上海）有限公司和玛戈隆特团队，创作灵感来源于自然景观。整套餐具体现了"西湖元素、杭州特色、江南韵味、中国气派、世界大国"的国宴布置基调，如图 2-1 所示。国宴餐具的图案，采用富有传统文化元素的"青绿山水"，布局含蓄严谨，意境清新，而且所有图案设计均取自西湖实景。茶杯和咖啡杯系列的设计灵感来源于西湖的荷花、莲蓬，壶盖提揪酷似水滴。漫步西子湖畔，最让人难忘的是那些大大小小的桥。本次 G20 峰会会标用 20 根线条，描绘了一座桥的轮廓，餐具的造型也融入了桥的元素。汤盅的外形设计灵感来源于海上丝绸之路的宝船，汤盅盖的提揪则是简约的桥孔造型。

公共关系从业人员是组织、实施公共关系活动的主体。在本案例中，公共关系从业人员请餐具设计者创造性地在餐具中融入了中国元素，与峰会主题中的"创新"相呼应；公共关系从业人员别具匠心地选择餐具作为公共关系传播媒介，使与会人员在用餐时感受我国文化，也是一种巧妙的文化输出；公共关系从业人员有策划审美意识，通过独具中国特色审美元素的餐具设计，让人体会到美感和魅力，向全球传递美好的中国文化形象。如此重要的国事活动交付我国公共关系公司来策划实施，表明我国公共关系行业的地位在不断提升，行业价值得到国家的高度认可，证明我国公共关系从业人员具备参与国事活动的能力。

图 2-1　G20 杭州峰会国宴餐具

从事公共关系实务工作的人可以是公共关系从业人员，也可以是非公共关系从业人员，但一般来说，前者的职业水准和活动能力要明显高于后者。组织要提高公共关系水平，使公共关系职业化，迫切需要培养大量的公共关系从业人员。本项目将介绍公共关系的组织机构设置、公共关系从业人员的基本素质。

2.1 公共关系的组织机构设置

公共关系组织机构是公共关系工作的组织保障，合理设置公共关系组织机构，对有成效、高效率地开展公共关系活动十分重要。

2.1.1 公共关系组织机构的定义

公共关系组织机构就是专门执行公共关系任务、实现公共关系功能的行为主体，是开展公共关系工作的专业职能机构。

2.1.2 公共关系组织机构的分类

一般而言，公共关系组织机构分为两大类：一类是组织内部的公共关系部，另一类是公共关系公司。

1. 公共关系部

公共关系部是组织内部设置的公共关系职能部门，又叫作公共事务部、公共信息部、社会关系部等。它是组织为贯彻公共关系思想，聘任专业公共关系从业人员组成的用以开展公共关系活动的专门机构。

（1）公共关系部的组织机构类型

公共关系部的组织机构没有固定的模式，可以有各种各样的类型。如果从公共关系部在组织中的地位来考虑，公共关系部可分为4种类型，即总经理直接负责型、总经理间接负责型、部门隶属型和公共关系委员会。从规模来考虑，公共关系部可分为小、中、大 3 种类型。

（2）公共关系部的职能

公共关系部所行使的职能主要包括6个方面：一是积极组织和开展有关调查工作，监测舆论环境，分析各种信息；二是对组织形象的定位、设计等事关组织形象整体建设方面的问题统筹考虑，并向决策层提出切实可行的建议或方案；三是作为组织的新闻发言人，或新闻发言人的支持部门，及时向公众提供组织的各种信息；四是策划和实施公共关系活动，有效地传播组织的良好形象；五是与公众沟通，为组织的发展营造一个良好的环境；六是进行危机管理，切实维护组织的社会声誉和良好形象。

（3）设置公共关系部的利与弊

组织内部合理设置公共关系部，对于开展公共关系工作有以下好处：①熟悉组织情况；②能提供及时的公共关系服务；③有利于保持公共关系工作的连续性和稳定性；④有利于节约经费；⑤可从事相对私密的内部公共关系工作。

公共关系部设置不当也会有缺点，主要表现有：①职责不明，负担过重；②有时看问题不够客观，即所谓的"当局者迷"；③总费用可能比聘请公共关系公司的费用高。

⚡ 课堂讨论

有些组织不设置公共关系部，也没有专职的公共关系从业人员，而是由最高负责人及各位副职人员、各职能部门第一负责人及其相关人员组成公共关系委员会，负责组织的重大公共关系事务。这种结构的优缺点是什么？

〜 精选案例 〜

某集团组织机构中的公共关系部

某集团组织机构图如图2-2所示，我们从中可见公共关系部的位置。

这是一个庞大的汽车制造集团，员工、顾客、政府、供应商、销售商、媒体、社区等都是该集团不可忽视的公众，其公共关系工作可谓千头万绪，因此其必须有一个专门的机构来处理自身与各类公众的关系，从而在市场竞争环境下凭借形象管理提升竞争力。

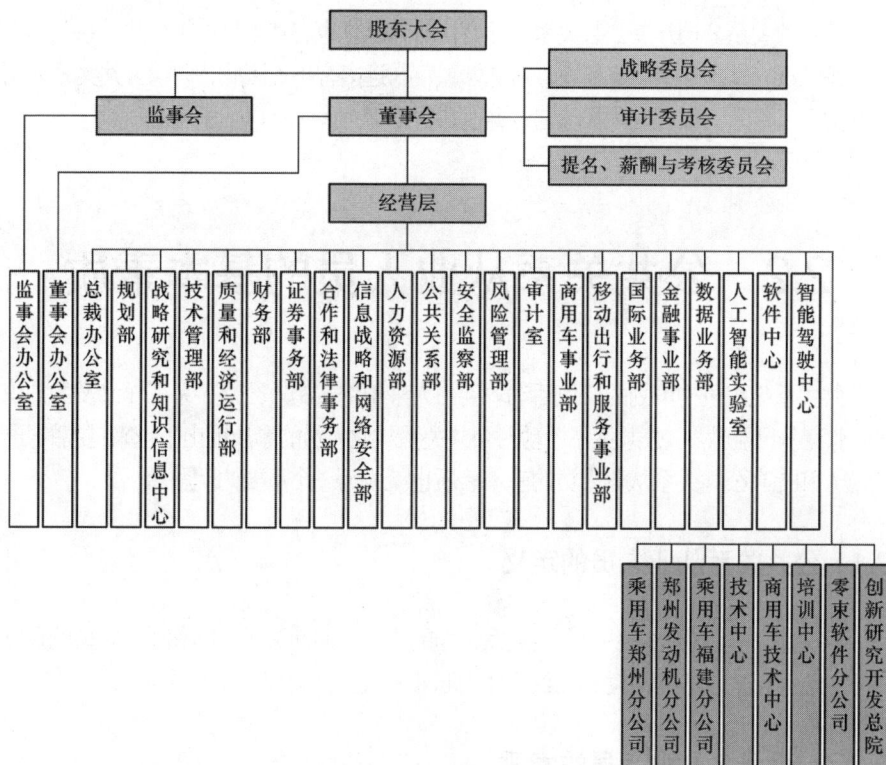

图 2-2　某集团组织机构图

2. 公共关系公司

公共关系公司，又称公共关系咨询公司、公共关系顾问公司、公共关系事务所、公共关系服务公司等，它由各具专长的公共关系专家组成，是独立于组织之外提供公共关系服务的专职机构。公共关系公司有其存在的客观必然性和优势。有资料显示，形象好的组织，其发展过程大多与公共关系公司的支持有着一定的联系，有些甚至是直接受益。

（1）公共关系公司的类型

公共关系公司的类型多样，按规模划分，有中小型公共关系公司和大型公共关系公司；按业务范围划分，有单一型公共关系公司和综合型公共关系公司。

（2）公共关系公司的基本职能

公共关系公司的基本职能：一是为委托者提供公共关系的全部或单项服务；二是对委托者的公共关系工作进行指导、监督，提出建议，以及帮助或代替其实施；三是帮助委托者实现与公众之间的双向信息交流。

（3）聘请公共关系公司的利与弊

聘请公共关系公司，对于开展公共关系工作有以下好处：①职业水平比较高；②看问题比较客观；③社会关系广泛；④消息比较灵通；⑤提出的建议容易被组织重视。

聘请公共关系公司开展公共关系工作有优势，但是也有其不足：①公共关系公司不太熟悉组织情况；②工作缺乏连续性，持久性差；③远离客户。因此，聘请公共关系公司开展公共关系工作时，组织要积极参与，通过自身的努力，弥补以上不足。

2.2 公共关系从业人员的基本素质

公共关系组织机构策划的任何活动均要由人来组织实施。公共关系工作涉及的知识面广，行业竞争日益激烈，公共关系活动对公共关系从业人员的素质提出了越来越高的要求，如何培养和提高公共关系从业人员的基本素质也就成为一个重要的问题。

2.2.1 公共关系从业人员的定义

公共关系从业人员是对从事公共关系工作的人员普遍而又常见的称呼，它指的是以公共关系的理论研究、教学活动和实践工作为职业的人员，简称公关人员。

2.2.2 公共关系从业人员的素质

现代社会对公共关系从业人员提出了新的要求。所谓公共关系从业人员的素质，是指从事公共关系工作的人员的兴趣、风度、学识和技能等方面的综合品质。具体来说，它包括以下几个方面的内容，如图 2-3 所示。

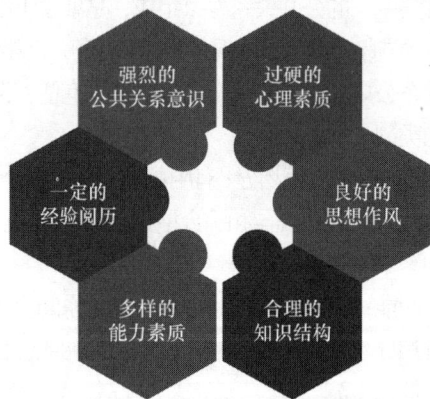

图 2-3 公共关系从业人员的素质

1. 强烈的公共关系意识

公共关系意识是公共关系从业人员的素质的核心。个体只有具备了公共关系意识，合理的知识结构和多样的能力才可能转化为重要的公共关系从业人员的素质。公共关系意识主要由以下几个方面的内容构成：形象意识、公众意识、沟通意识、长远意识、危机意识和审美意识等。

2. 过硬的心理素质

心理素质直接影响着公共关系从业人员的思维和行为，过硬的心理素质是公共关系从业人员正常开展工作的前提。它包括追求卓越，渴望成功；易于投入，热情工作；自信、开放和乐观等。其中，自信是对公共关系从业人员心理素质最基本的要求，唯有如此，公共关系从业人员才能做好人际沟通和交流，才能应对各种复杂的环境与情况。

3. 良好的思想作风

思想作风决定了一个人的精神状态和工作态度。要具备良好的思想作风，公共关系从业人员首先应具备良好的职业道德，良好的职业道德是成为一名优秀的公共关系从业人员的基本条件，国际化社会尤其强调职业道德的重要性，良好的职业道德是彼此沟通的前提；其次应具备敬业精神；再次应树立合作观念；最后还要有勇于担当的精神。

4. 合理的知识结构

知识是一个人开展活动的工具，每个人都是依托自己的知识结构开展活动的。现代社会对公共关系从业人员的知识结构有以下要求：一是娴熟的公共关系专业知识，这是做好公共关系工作的基本条件；二是掌握与公共关系学关系较为密切的学科知识，包括传播学、新闻学、社会学、社会心理学、管理学、经济学等；三是广博的基础知识，公共关系从业人员需要与各种公众打交道，与相关公众有共同的兴趣、话题，彼此之间容易产生亲近感，便于开展公共关系工作。

5. 多样的能力素质

公共关系活动具有广泛性、复杂性、创造性和灵活性，它要求公共关系从业人员具备多样的能力素质，如图2-4所示。

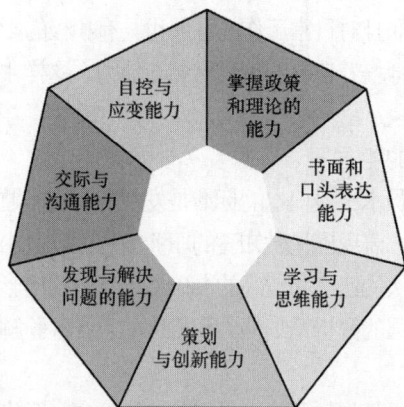

图2-4　公共关系从业人员应具备的能力素质

（1）书面和口头表达能力

公共关系从业人员的工作离不开口头表达，如公共关系从业人员要在展览会上介绍企业概况，在与公众接触时阐述自己的观点等。同时公共关系工作也离不开书面表达，需要公共关系从业人员编写宣传材料、策划活动等。所以，公共关系从业人员必须有相当强的书面和口头表达能力。

（2）学习与思维能力

知识是形成能力、提高素质的基础。从公共关系的实现过程来看，其信息采集、活动策划、意见整理、效果评估等方面都涉及诸多的学科知识，公共关系从业人员需要学习及掌握更多的学科知识和技术手段，以解决各种错综复杂的公共关系问题。因此，他们应具备较强的学习能力。

公共关系从业人员要有较强的思维能力。因为公共关系情况复杂多变，所以公共关系从业人员要有较高的智慧水平，遇事冷静思考，有较强的逻辑思维能力和综合分析问题的能力，有丰富的想象力和创造思维能力，从而使组织在激烈的竞争中立于不败之地。

（3）策划与创新能力

公共关系从业人员的工作就是开展各种公共关系活动，而每种公共关系活动都需要精心的策划和认真的组织，所以公共关系从业人员要具有较强的策划与创新能力。公共关系活动的策划充满着挑战，公共关系从业人员要根据环境变化的形势以及组织的要求，策划新颖独到、令人耳目一新的公共关系活动，从而引起公众对组织及其产品的关注。例如，精选案例"偷走班克斯"中的公共关系活动就是澳大利亚艺术系列（Art Series）酒店的专职公共关系从业人员策划和安排落实的，充分体现了公共关系从业人员较强的策划与创新能力。

当发现或预见组织的公共关系问题时，公共关系从业人员为了解决这些问题或防患于未然，就需要在创新意识的引导下，充分发挥自己的想象力和创造力来进行公共关系活动的策划。公共关系从业人员要善于收集信息，从平凡之处找出奇特的东西，在危机中找出机会，要能够制造"公共关系新闻"。公共关系从业人员具备较强的策划与创新能力不仅有利于开展公共关系活动，而且对日常工作的开展也具有积极的影响。因此，公共关系从业人员要在日常工作中自觉地培养自己的策划与创新能力，这样才会使公共关系工作富有新奇感和挑战性。

（4）发现与解决问题的能力

衡量公共关系从业人员水平最根本的标准是发现与解决问题的能力。它要求公共关系从业人员面对各种信息时，表现出见微知著的职业敏感性以及由表及里、透过现象看本质的专业分析能力，能以较快的速度和较高的准确性，从中找出影响组织和公众的关系的各种问题及原因，并运用较强的分析策划能力和相应的工作经验解决问题。

（5）交际与沟通能力

公共关系从业人员的交际与沟通能力是指其广泛社交、联络公众的能力。公共关系从业人员应当发现自己的优势，自信地、大胆地融入公众，用人际交往的技巧和方法与公众轻松自如地交往，为组织广结良缘、广交朋友，在组织与公众之间架设沟通的桥梁，形成"人和"的氛围和环境，尽可能地在公众面前为自身和组织树立良好的形象。

（6）自控与应变能力

公共关系从业人员在公共关系工作中要和各种各样的人打交道，常常需要面对各种难题、矛盾和困境，而且公共关系活动中经常会出现一些突发事件和难以预料的问题。这就需要公共关系从业人员有自控与应变的能力，能根据实际情况，灵活从容地解决问题。

（7）掌握政策和理论的能力

公共关系从业人员掌握政策和理论的能力直接决定其工作的质量。公共关系从业人员较强的掌握政策和理论的能力主要体现在3个方面：一是掌握国家的有关方针政策；二是熟练运用自己组织内部的相关方针政策；三是能适当地利用其他组织的有关方针政策，使工作尽可能顺利地开展下去。

6. 一定的经验阅历

经验阅历是尽快适应工作的基础。公共关系从业人员应具有4个方面的经验阅历：一是一定的专业经验，专业公共关系公司特别看重这点，他们对于有某些专业领域（如企业管理、新闻、金融、IT、法律和医学等）工作经验的人才比较青睐；二是较多的公共关系工作经历；三是良好的社会关系；四是熟悉我国悠久的历史文化，以把握我国消费者的消费心理和消费趋向。

2.2.3　公共关系从业人员的类型

公共关系工作需要一大批人去做，这些人由于工作性质、范围、职能的不同，在公共关系工作中充当不同的角色，履行不同的义务，享受不同的权利。公共关系从业人员大体上可以分为4种类型：专家型、领导型、技术型和事务型。

专家型公共关系从业人员是研究和解决公共关系理论与实践问题的权威，他们有渊博的知识、丰富的经验，有较高的理论水平与宣传推广能力，他们是公共关系队伍中的中坚力量和精英。专家型公共关系从业人员主要包括公共关系顾问、公共关系学者和教育家。

领导型公共关系从业人员是指在各公共关系组织或相关单位中担任管理者的人，包括经理、部长、主任等。

技术型公共关系从业人员是具备专项技术的业务工作人员，主要包括一般的编辑、摄影师、广告人员、设计师及其他技术人员，他们凭借各自的技术专长充当公共关系工作中的某个角色。

事务型公共关系从业人员是组织中从事日常公共关系工作的人员，他们是最普通，也是最基层的公共关系从业人员。

2.2.4 全员公关

组织开展公共关系工作的目标是为自身树立良好的形象，而良好的组织形象是通过所有员工的集体行为体现出来的，是每个员工各自形象的总和。

1. 全员公关的定义

全员公关是指组织的所有员工都应具有公共关系意识，都能按照公共关系工作的要求，把自己的日常工作与组织良好形象的树立相联系。

精选案例

中国邮政集团有限公司青岛市分公司的全员公关

中国邮政集团有限公司青岛市分公司在提高服务水平，以全新的面貌服务用户方面发挥了全体员工的积极性。当用户走进邮政大厅时，礼仪小姐微笑着用"您好""欢迎"等礼貌用语与用户打招呼，迎接用户；导邮员身披印有导邮标志的绶带在厅内解答用户提出的问题，指导用户操作，疏导拥挤的人群，现场征求用户的意见，把其中有价值的意见和建议向上级反映，以改善服务；营业员统一着装，面带微笑，热情地迎接用户，并在不办理业务时起身回答用户的各种问题，处理邮件时坚持限时服务，不拖延时间，当用户离开时向用户表示感谢，并欢迎其再次光临。此外，他们还为老弱病残孕等特殊用户提供全过程的特殊服务。用户从踏进邮政大厅的那一刻起，就被温情暖意所包围，深深地被贴心的服务打动，对中国邮政的信任和赞许又增添了几分。这样好的服务效果，归功于该公司的每一位员工。他们诚恳待客，时刻把用户放在心上。这种为用户提供方便的做法就是在做公共关系工作，他们高水平的服务正是个人良好交际修养的体现。

2. 实现全员公关的途径

为了实现全员公关，组织需要面向所有员工，在以下几个方面多做工作。

（1）切实保障员工的主人翁地位

组织要形成全员公关的良好局面，就必须使员工真正享主人权、尽主人责、得主人益，这样全员公关才能转化为现实。

（2）培养员工对组织的认同感和归属感

要培养员工对组织的认同感和归属感，一方面要与员工分享信息；另一方面要让员工参与决策，使员工能从组织的利益出发去考虑问题。

（3）激发员工的自豪感

当组织对社会有较大的影响和贡献时，当组织在社会上受到广泛赞扬和好评时，组织的员工也会因此而产生自豪感。此外，先进的办公设施、现代化的生产技术、比较好的福利待遇等，都会激发广大员工的自豪感。

（4）开展全员公关的教育和培训

全员公关的教育和培训内容包括公共关系基本知识和公共关系的实际技能，如礼宾礼仪、谈判技巧、顾客心理、产品状况、组织历史、组织规划乃至组织战略方针等。这些都是员工开展公共关系活动必须具备的知识。

精选案例

"你会坐吗？" —— 一次公共关系部部长聘任考试

一家公司准备聘用一名公共关系部部长。经笔试筛选后，只剩下8名考生等待面试。面试规定每人在两分钟内回答主考官的提问。每位考生进入考场时，主考官都说的是同一句话："请您把大衣放好，然后在我面前坐下。"然而，在考场中，除了主考官使用的一张桌子和一把椅子外，没有别的东西。有两名考生听到主考官的话以后，不知所措；另有两名急得直流泪；还有一名听到主考官说的话后，脱下自己的大衣，搁在主考官的桌子上，然后说了句："还有什么问题吗？"结果，这5名考生全部被淘汰了。在剩下的3名考生中，第一名考生听到主考官的话后，先是一愣，随即脱下大衣，往右臂上一搭，躬身致礼，轻轻地说道："这里没有椅子，我可以站着回答您的问题吗？"主考官给这名考生的评语是："有一定的应变能力，但创新开拓能力不足。彬彬有礼，能适应严格的管理制度，可用于财务部门和秘书部门。"第二名考生听到要求后，马上回答道："既然没有椅子，我就不用坐了。谢谢您的关心，我愿聆听下一个问题。"主考官给此名考生的评语是："守中略有攻，可先培养用于对内，然后再对外。"第三名考生在听到主考官的话后，眼睛一眨，随即出门去把候考时坐过的椅子搬进来，放在主考官面前约一米处，然后脱下自己的大衣，折好后放在椅背上，而自己就端坐在椅子上。"时间到"的铃声一响，他马上站起来，欠身致礼，说了声"谢谢"，便退出考场，把门轻轻地关上。主考官给此名考生的评语是："巧妙地回答了问题，富有开拓精神，加上笔试成绩佳，可以录用为公共关系部部长。"

项目小结

本项目介绍了公共关系的组织机构设置、公共关系从业人员的基本素质，主要包括以下几点。

公共关系部是组织内部设置的公共关系职能部门。

公共关系公司，又被称作公共关系咨询公司、公共关系顾问公司、公共关系事务所、公共关系服务公司等，它由各具专长的公共关系专家组成，是独立于社会组织之外提供公共关系服务的专职机构。

组织设置公共关系部或者聘请公共关系公司各有其利弊。

公共关系从业人员的素质是指从事公共关系工作的人员的兴趣、风度、学识和技能等方面的综合品质。具体来说，它包括以下几个方面的内容：①强烈的公共关系意识；②过硬的心理素质；③良好的思想作风；④合理的知识结构；⑤多样的能力素质；⑥一定的经验阅历。

公共关系从业人员分为4种类型：①专家型；②领导型；③技术型；④事务型。

全员公关是指组织的所有员工都应具有公共关系意识，都能按照公共关系工作的要求，把自己的日常工作与组织良好形象的树立相联系。全员公关并不是指组织全体员工都专门去做公关工作，而是指每个员工都要有强烈的公共关系意识，在日常与公众的交往中自觉地为提高组织的知名度和美誉度做贡献。组织实现全员公关有其途径和方法。

项目练习题

一、多项选择题

1. 公共关系部在组织中专门从事（　　）等工作。

   A. 开展调查，监测舆论环境　　　　　B. 组织形象整体建设

   C. 向公众提供组织的各种信息　　　　D. 危机管理

2. 组织内设公共关系部开展公共关系工作的优点有（　　）。

   A. 熟悉组织情况　　　　　　　　　　　　　B. 远离客户

   C. 有利于保持公共关系工作的连续性和稳定性　　　D. 有利于节约经费

3. 聘请公共关系公司的好处有（　　）。

   A. 了解内情，便于协调　　　　　B. 运作成本较高

   C. 旁观者清　　　　　　　　　　D. 消息比较灵通

4. 公共关系从业人员的业务专长应该有（　　）。

   A. 传播沟通技术和业务方面　　　B. 行政人事方面

   C. 市场推销技巧与业务方面　　　D. 收集和处理信息方面

5. 公共关系从业人员大体上可以分为（　　）。

   A. 专家型　　　　B. 领导型　　　　C. 技术型　　　　D. 事务型

二、判断题

1. 公共关系主体由公共关系意识、公共关系从业人员两部分构成。（　　）

2. 社会组织简称组织，是指执行一定的社会职能，完成特定的社会目标，构成一个独立单位的群体。（　　）

3. 部门隶属型公共关系部，即公共关系部处于组织的第三个层次中，属于组织某一职能部门的一个下属组织。（　　）

4. 公共关系公司，又称公共关系顾问公司或公共关系咨询公司，它隶属于组织，是专门为客户提供公共关系劳务和业务咨询的信息型、智力型、传播型的专业机构。（　　）

5. 公共关系公司是营利性机构，向客户提供有偿服务，通过经营和服务活动取得盈利。（　　）

三、名词解释题

组织 公共关系主体 公共关系公司 全员公关

四、问答题

1. 组织内部的公共关系部和独立的公共关系公司，其公共关系职能的异同点是什么？试比较分析。

2. 公共关系从业人员应具备的公共关系意识是什么？

3. 你认为公共关系从业人员应具备怎样的职业道德？

4. 如果你打算从事公共关系工作，根据公共关系从业人员的素质和技能要求，你准备怎样训练自己？

5. 如果公共关系工作人员在企业中发挥的作用并不大，你认为作为公共关系从业人员，你应如何改变这种状况？

6. 全员公关的作用是什么？你觉得全员公关的误区是什么？

五、案例分析题

北京长城饭店的全员公关

北京长城饭店在 1984 年落成以后，为了提高知名度、树立良好形象，先后策划了几次公共关系活动。北京长城饭店首先在落成之初争取到了时任美国总统的里根的答谢宴会的举办权，通过各地新闻记者的采访报道，饭店很快就声名远播。随后在圣诞节，饭店又将各国驻华大使工作人员的子女请到店内装饰圣诞树，自然也达到了非常好的效果。但是，最为公共关系界津津乐道的并不是饭店以上大费周章策划的活动，而是一名服务员在收拾房间时发现有位客人的书摊开放在床上，她在收拾好房间之后，顺便将一张小纸条夹在书摊开的地方作为记号，这令客人非常满意。美国学者欧文·史密斯·科恩曾说过："公共关系是推销员皮鞋上的闪光、脸上的微笑、握手时的力量，它是你参观企业办公室时笑盈盈走过来的员工，它是迅速为你接通电话的接线生，它是你收到的由总经理亲笔签名的热情洋溢的慰问信……任何在企业工作的人都是公共关系从业人员，上至企业总经理，下至新来的办事员，概莫能外。"

请结合科恩的这段话分析企业应如何引导全体员工实现全员公关。

项目实训

项目实训一：公共关系组织机构调查

1. 实训项目

了解公共关系组织机构的工作内容。

2. 实训目的

了解公共关系部的工作任务和工作内容。

3. 实训内容

以小组为单位采访一家企业，了解该企业公共关系部的情况。

4. 实训要求

收集所采访企业公共关系部的具体工作内容，写出一份书面报告。

项目实训二：公共关系部门组建

1. 实训项目

了解公共关系部的设置模式及人员配备。

2. 实训目的

掌握公共关系部的设置模式及人员配备。

3. 实训内容

你所在的公司是一家总部设在北京的全国大型连锁装饰公司，你是总部营销部副总经理，现在公司总经理要求你组建公共关系部，并任命你为公共关系部总负责人。

4. 实训要求

学生分为若干小组，以小组为单位，写一份组建公共关系部的方案并列明需配备的人员。

项目3　公共关系从业人员的交际修养与礼仪规范

【学习目标】

（1）知识目标：了解公共关系从业人员交际修养的基本内容，了解公共关系礼仪的具体要求。

（2）技能目标：学会进行公共关系语言交流，掌握公共关系礼仪的相关技能。

（3）素质目标：自觉提高公共关系交际修养，寓礼仪精神于细微之处，增强工作的适应性。

引　例

语调的语言表达效果

语调即句调，反映整个句子声音的高低曲折变化。语调的基本类型分别是升调、降调、升降调、降升调以及平调。

有一次，意大利悲剧演员罗西应邀参加一个宴会。席间，他用意大利语念了一段话。尽管外宾们听不懂，却被他那悲惨凄凉的语调和悲悲切切的表情所感动，许多人都流下了眼泪。可是，在场的罗西的一位朋友却忍俊不禁。原来，这位悲剧演员朗诵的并不是什么悲剧台词，而是宴席上的菜谱。罗西的演绎之所以如此成功，主要是因为他充分发挥了语调的传情作用，将悲伤的情感倾注在多变的语调之中。

无论是公共关系的建立，还是公共关系活动的实施，都离不开人际交往。积极的、富有成效的人际交往才可能形成良好的公共关系。本项目介绍公共关系从业人员必须具备和遵守的公共关系交际修养与礼仪规范，这些也是最基本的公共关系手段。

3.1　公共关系交际与交际修养

3.1.1　公共关系交际

公共关系从业人员应当较好地掌握交际技巧，用真诚和友善去赢得别人对自己的喜欢，使交际顺利、成功。

1. 公共关系交际的定义

公共关系交际是人们为了实现塑造组织良好形象的目的而开展的人际交流沟通活动。

2. 公共关系交际的类型

一般来说，公共关系交际有两种类型：一种是人际交往，另一种是组织交际。前者往往以个人的交际形式出现，如组织的管理者与公众的交际活动，组织的公共关系从业人员与公众的交际活动，组织的普通员工与公众的交际活动。后者是以组织自身的交际形式出现的，如组织与公众举行联欢、联谊活动等。

公共关系交际与一般私人交往是有所区别的。其一，公共关系交际与一般私人交往追求的目的不同。公共关系交际谋求的是组织内部以及组织与相关联的外部公众间的沟通、联系和协作，而一般私人交往注重的是满足个人的需求，谋求的是个人的具体利益。其二，在公共关系交际中要正确处理好私人感情和组织感情，个人感情应以维护组织的利益为前提，绝不可为了不伤私人感情而牺牲组织利益，而一般人际交往主要以私人情感为主。其三，公共关系交际活动较为正式，如举办联谊活动、参观等，而一般私人交往则具有相当大的随意性和偶然性。其四，公共关系交际可运用的手段较多。一般私人交往主要通过直接的、面对面的方式来交流，而公共关系交际除了采用这种人际沟通的交流方式之外，还可利用大众传播方式，有时还可以交替使用这两种方式。

3. 公共关系交际的基本准则

公共关系交际是一种极为复杂的社会交往。在现代社会中，由于交际目的多种多样、交际方式丰富多变，因而交际过程和结果呈现纷繁复杂的特性。获得好人缘确实要讲究技巧和方法，然而过分强调技巧和方法而忽略了公共关系交际的基本准则，不仅会使公共关系交际庸俗化，而且会将公共关系交际引入歧途。遵守公共关系交际的基本准则是使交往关系健康、持久发展的有效保证。公共关系交际的基本准则如图 3-1 所示。

（1）真诚原则

美国心理学家安德森曾设计一种表格，在表中列举了 550 个描写人的形容词，较积极的有真诚、信得过、有思想、体贴、热情、开朗等；比较中性的有易激动、好斗、腼腆、容易动感情、孤独等；较消极的有作风不正、眼光短浅、贪婪、冷酷、虚伪、信不过等。他请来一群大学生，让他们选择和评价这些形容词。结果大学生们评价最高的是真诚。在 8 个评价较高的形容词中，有 5 个与真诚有关：诚实、忠实、真实、信得过、可靠。而评价最低的形容词是说谎和假装。可见在公共关系交际中，对朋友的最高评价是真诚。

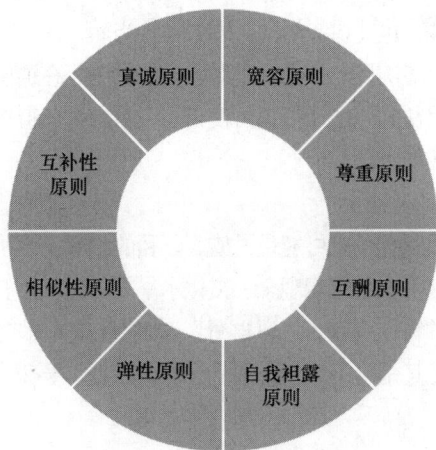

图 3-1 公共关系交际的基本准则

（2）宽容原则

被誉为"经营之神"的松下幸之助说过："在社会上，沟通人与人之间情感的，无疑是一颗体谅的心，互相体谅对方的心是荒漠里的甘泉。""互相体谅"更进一步的表现是"互相宽容"。交际双方在生活经历、文化程度、修养水平等方面存在着差异，因为误会、不理解而产生矛盾是不可避免的，只要不违背原则，不损害人格，大度容人是十分必要的。

（3）尊重原则

尊重包括自尊和尊重他人。自尊就是自重自爱，维护自己的人格；尊重他人就是重视他人的人格、价值观念、意见和生活习惯，承认交往双方的平等地位。一位哲学家说过，世界上没有两片完全相同的叶子。包容差异是协调人际关系的重要条件。心理学的研究一再证明：人人都有受人尊敬、被人肯定的心理需求。只有满足别人的这一需求，别人才可能以与你交往为乐。

（4）互酬原则

互酬原则要求人们在交往时考虑双方的共同利益，满足共同的心理需要，使彼此都能从交往中得到利益。但互酬原则不等于等价交换原则。对待互酬，有人自私，也有人无私。前一种人表面上很热情，实际上他帮助别人的目的是"用虾子钓鲤鱼"，这样的人极难有知己。而后一种人刚好相反，他总觉得"滴水之恩，当涌泉相报"。对互酬持不同态度的人，其人际关系状况也大相径庭。

（5）自我袒露原则

心理学家通过实验发现，人们更喜欢袒露自我较多的人。诚然，人们应该保护自己的隐私，但必要的自我袒露是人际沟通的需要，也是对他人表示信任的一种信号。人与人之间的相处，难能可贵的就是适当的自我袒露。

（6）弹性原则

弹性原则也称伸缩性原则。当事物的发展并不像预想的那样，情况更多变、问题更复杂时，我们既要讲原则性，也要讲灵活性，即弹性。当然，这说的是在不违反政策或不损害他人人格的前提下所可能实现的弹性，是对语言、措施等在情感上可以接受的范围内做一些必要的调整。人际交往的弹性原则，可使自己、对方都获得更大的回旋空间，减少或避免一些不必要的摩擦或伤害。

（7）相似性原则

相似性所指的范围很宽泛，它可能是民族、国籍的相似，性别、年龄的相似，社会条件、社会身份的相似，也可能是思想观念、文化水平的相似，还有可能是志向、性格、兴趣爱好等的相似。所谓"物以类聚，人以群分"，相似性是人际交往中吸引和喜欢对方的重要原因。与人相处，尤其是与不认识或刚相识的人相处，要努力寻找双方的共同点、相似点。

（8）互补性原则

乍一看，互补性和相似性似乎相悖，其实不然，它们可以在另外一个层面上统一起来，因为互补性原则适用于双方的需要以及彼此对另一方的期望正好成为互补关系的情况，因此可以取长补短，为了共同的交际目的，筑起友谊的大厦。

精选案例

景泰蓝食筷

在一家涉外宾馆的中餐厅里，正是中午时分，用餐的客人很多，服务员忙碌地在餐桌间穿梭着。

有一桌客人中有几位外宾，其中一位外宾在用完餐后，顺手将自己用过的一双精美的景泰蓝食筷放了随身带的皮包里。服务员在一旁将此景看在眼里，不动声色地转入后堂，不一会儿，她捧着一只绣有精致花纹的绸面小匣，走到这位外宾身边说："先生，您好，我们发现您在用餐时，对我国传统的工艺品——景泰蓝食筷表现出极大的兴趣，简直爱不释手。为了表达我们对您如此欣赏我国工艺品的感谢，餐厅经理决定将您用过的这双景泰蓝食筷赠送给您，这是与之配套的锦盒，请收下。"

这位外宾见此状，听此言，自然明白自己刚才的举动已被服务员尽收眼底，颇为惭愧。他只好解释说，自己多喝了一些酒，无意间误将食筷放入了包中，感激之余，更执意表示希望能出钱买下这双景泰蓝食筷，作为此行的纪念。餐厅经理亦顺水推舟，按最优惠的价格，将景泰蓝食筷计入了账单。

聪明的服务员既没有让餐厅受损，也没有令客人难堪，圆满地处理了此事，并达到了良好的交际效果。

3.1.2 公共关系交际修养

公共关系交际修养不是凭美好的外貌或吃喝玩乐就可以获得的，它依托的是积极严肃的生活态度、诚恳平等的待人态度、受欢迎的性格特征、文雅幽默的谈吐、洒脱得体的仪表礼节，它更是一种经长期实践而形成的良好习惯。

1. 公共关系交际修养的定义

所谓公共关系交际修养，是指人们按照一定的交际原则和规范要求，在交际意识、交际要求和交际方法等方面进行的自我改造、自我提高等行为活动，以及经过这些行为活动后所形成的相应的交际素养和能力。

2. 提高公共关系交际修养的方法

交际水平是公共关系交际修养水平的体现，若要提高公共关系交际修养，应从以下 3 个方面努力。

（1）端正交际心态

交际心态指人们在交际时的心理准备状态。有时我们虽然可以靠意志的力量调整自己不正常的心态，矫正自己的行为，以取得令人满意的成果，然而这毕竟只是暂时的成功。心理学研究表明，交际动机和行为若不能统一，交际者的内心会不可避免地产生痛苦的挣扎，造成自身的压抑和挫折感。需要强调的是，并非某些方面的劣势，如相貌差、身份地位低微或缺少交际技能等严重妨碍交际走向成功，不正常的交际心态才是有效交际的最大障碍。为了克服会对交际产生消极影响的心态，我们要做到以下几点。

① 克服卑怯和自大心理。

有些人遇到交际的场合能躲就躲，实在躲不过了，在现场也表现得心慌意乱、手足无措，不是说不出完整的句子就是说错话，事后总是责怪自己，怨恨老天没有赋予自己交际的才能。实际上，出现上述交际窘境，乃是卑怯心理在作祟。与卑怯心理相对应的是自大心理，其表现为自高自大、夸夸其谈，随意否定别人的观点、打断别人的谈话，往往在无意之中伤害了交际对象的自尊心，引人反感。在交际时，要正确认识和把握自己，不卑不亢，以最佳的精神状态出现在大家面前。

② 克服猜疑和嫉妒心理。

猜疑是人际关系的腐蚀剂，许多人因猜疑不欢而散。无端地猜疑别人是因为心中缺少对别人的信任，我们若把社会上的人消极的一面过分放大，缺少交往的诚意，就会失去交往的真正乐趣。此外，"疑"是建立在"猜"的基础上的，许多原本认为有根据的猜疑最终都可能被证明是误会，只要加强沟通，经过周密调查、认真分析，就不难发现猜疑是多么没有道理且破绽百出。

所谓嫉妒，就是人们面对条件比自己优越的人，或者当自己所宝贵的东西被别人夺取或将被夺取时所产生的情感。奥地利作家赫·舍克在他的《嫉妒论》中指出："人是一种嫉妒的生物……在一起相处的人，总可能是一个嫉妒者，而且关系处得越近，产生嫉妒的可能性就越大。这种情况是处在各种文化发展水平上的人们在生活当中最令人感到惊心动魄的，有时会隐藏得很巧妙但又十分重要的基本事实。"赫·舍克的观点启示我们应承认嫉妒心的存在，并抑制它的不断膨胀，以免造成人际关系的恶性发展。对于嫉妒，理想的消除法是什么呢？首先，不是希望别人失去优势或利益，而是加倍努力去获得自己羡慕的东西。

其次，要平静客观地审视对方的所得和自己的心理反应强度，对于已失去的或未能得到的事物的价值要漠然视之。嫉妒对当事人来说是件很痛苦的事，但我们只要具备信心并积极地去克服，就能尽快治愈心灵的创伤，变得达观。

③ 克服社会知觉的错觉。

社会知觉指人们对社会环境中有关个人或团体特征的知觉。与人交往的基础往往是社会知觉，因为人的心理活动和行为过程复杂多变，所以我们对人的知觉要比对物的知觉更容易产生错觉。我们可能会曲解别人的意思，错误地看待别人，甚至会"不识好人心"，把别人的好意当成恶意。所以，我们要避免被心理定势束缚，常见的心理定势有首因效应、晕轮效应、经验效应和移情效应。

（2）掌握语言交流的方法

出色的口才是现代人的基本素质。语言交流能力不光指传递信息、表达内心情感的能力，还指接收信息、理解别人的话中之意的能力。若想取得理想的语言交流效果，则要注意语境。

① 适合语境。

人们的语言交流总是在特定的语境中进行，语境指的是在语言交流过程中与理解某一特定的信息有关的语言内语境和语言外语境的总和。语言内语境指上下文和前后语。语言外语境（也称非语言语境）包括文化语境（社会文化、风俗习惯、价值观念等）、场景语境（时间、地点、参与者、话题、事件）和心理语境（动机、愿望、情感）。如何成功地利用语境呢？在选择讲话的内容和遣词造句的方式时，我们应当结合以下两个因素考虑。

a. 交际对象的特征。

交际对象是构成语境的因素之一。只有看清对象，根据对象的特点进行交际，人际交往才可能成功。例如，我们与长者相处时，要注意不同时代的两个人在观念上是存在差异的。对于有丰富人生阅历的长者提出的建议，即使不赞成，也不要当面反驳指责，否则会让长者觉得在年轻人面前失了面子，以后就难以交流了。我们要以谦逊、尊敬的态度与他们交谈，少用或不用反问句；还应适当使用敬语，如在询问年龄时，应说："您老人家高寿啊？"这种问法与"你多大了"相比，显得彬彬有礼，会给别人留下较好的印象。

b. 交际时空环境的特征。

时空环境，包括时间和空间（场合）两个方面。语境中的"时间"指的是时代或特定的时间条件，"空间"指的是特定的处所条件。语言交流也需要适合语境的要求也表现为"因时制宜"和"因地制宜"。

② 学会表达和倾听。

a. 恰当表达。

西班牙思想家、哲学家格拉西安说过："说得恰当要比说得漂亮更好。"恰当表达主要是指要锤炼语言，对于语言所适用的场合、时机等条件务必经过一番推敲，从而恰如其分地表达自己的所思所想。那么如何恰当表达呢?

其一,注意说话的具体场合。其二,说话时必须考虑对方的性别、年龄、文化层次和背景等因素。"见什么人说什么话,在什么山头唱什么歌"说的正是此理。其三,充分利用说话的时机。说话时不仅要符合时代背景,与此时此地的情景相适应,还要巧妙地利用说话时机,灵活把握时间因素。其四,说话时要情理相融。"以情动人,以理服人"可以取得良好的效果。

b. 学会倾听。

公共关系交际是一种双向的行为,公共关系从业人员在说的同时,必须学会倾听。"听"实际上是一种重要的沟通方式,是交谈的重要组成部分。倾听常常得不到重视,然而它与表达同样重要。

第一,要有专心倾听的姿态。

这是指用身体给公众以"我在注意倾听"的示意。它要求公共关系从业人员把注意力集中于公众的身上,要心无二用。切忌"左耳进,右耳出",要让公众的讲话在自己的心中留下痕迹。专心倾听不仅是对声音的吸收,还是对意义的理解。因而在倾听时我们要与对方做目光交流,适当地给予"哦""嗯"等回应,表示自己在倾听;身子稍稍前倾,微笑、扬眉等,也是显示正在专心倾听的非语言行为。这些都能激起对方继续讲话的兴趣。如果一心二用,干些其他事,则会影响对方说话的情绪。

❓ 问与答

问:有一天小马在读报,妻子走过来兴致勃勃地说:"我有个好消息要告诉你。"小马头也不抬地说:"你说吧。"妻子要求说:"你先别看报。"小马不耐烦地答道:"我看我的,你说好了。"妻子原本满心欢喜,想与丈夫分享好消息,听了这话后,说话的兴头一下子就没有了。妻子不高兴的原因是什么?

答:小马没能表示出对妻子所要谈的话题的兴趣。在听别人说话时,不要做其他事,也不要做小动作,如抱臂盘腿,将手指关节压得"咯咯"响,或用手摆弄什么东西。这些都是心不在焉的表现,应予以避免。

〰 **精选案例** 〰

学会倾听

高阳在《胡雪岩全传》中描述"红顶商人"胡雪岩时这样写道:"其实胡雪岩的手腕也很简单,胡雪岩会说话,更会听话,不管那人是如何言语无味,他能一本正经,两眼注视,仿佛听得极感兴趣似的。同时,他也真的是在听,紧要关头补充一两语,引申一两义,使得滔滔不绝者,有莫逆于心之快,自然觉得投机而成至交。"

倾听是人与人之间沟通的重要手段。只有成为一个成功的倾听者,我们才会有机会结交更多的朋友。

第二，抓住对方讲话的要点。

我们常常发现，有不少人讲话时喜欢把要点放在开头或结尾，也有一些人把要点放在一段话的中间。要点究竟放在何处为好，可根据讲话的内容、语境、讲话人的思路等因素而定，并没有非此不可的约束。那么，我们在听话时就要理清说话人话语的层次，紧跟他的思路，善于从若干信息中捕捉重要的信息，不要让次要信息、多余信息干扰我们对重要信息的理解和把握。此外，我们还应注意观察和分析说话人的语气、神态、动作，因为他们常在讲到要点时，有意识或无意识地采用放慢语速，加重语气，提高、降低声调，或突然停顿的方法，以及点头、摇头、瞪大双眼、撇嘴、皱眉、打手势等方式来强调。这些提示对我们抓住讲话要点都有一定的帮助。

第三，品味话中话。

我们在倾听时，不仅要抓住别人话语的中心意思，还要学会品味弦外之音、言外之意。人们的话语有时看似表达的是一种意思，但实际表达的是另一种意思，所谓"言在此而意在彼"。俗话说"说话听声，锣鼓听音"，那么如何才能听懂别人的话中话呢？

一方面，应当留心去品味，要能听懂、品出别人话语的全部内涵，不能"说者有心，听者无意"。交际中的"言外之意"随处可见。例如，我们偶遇同事，问他："你上哪儿去？"他答："到那边去。"又问："干什么去？"他答："办点事。"人家含含糊糊，没有正面回答，我们应领悟到对方不愿明白地讲出来，这时就不能再问下去了。不能理解别人的真实想法，有时会使对方和自己陷入很尴尬的境地。

另一方面，在品味话中话时，尤其要注意别人是否语带双关。因为双关这种修辞手法的特点就是一句话中包含两种意思，一种是表面的意思，另一种是暗含的意思，而暗含的意思才是说话人所要表达的真实意思。

双关有两种。一种是利用词语相同或相近的读音构成的双关，称为谐音双关。另一种是语义双关，即借词语的不同含义构成双关。双关语既可表现说话人的机智，也给听话人出了一个考验理解力的难题。要说明的是，传达和理解"言外之意"时，说话人应注意避免因表述上的含糊不清造成听话人理解有碍，听话人也应当避免"多心"，以免信息失真。

✐ **想一想**

郭亮是湖南工人运动的领袖之一。有一次在铜官镇，郭亮被团丁李麻子发现了，李麻子一面叫人去报告团总何八，一面坐在郭亮身边监视他。有位老工人听到风声，抢先来到现场想通知郭亮，无奈李麻子正虎视眈眈地盯着呢。他急中生智，从旁边的茶摊上拿了一只空碗，双手端着，走到郭亮跟前说："先生，喝吧，喝吧！"郭亮见碗里没有水，心想喝什么呢？老工人把碗往郭亮胸前一推，又说："喝吧，喝吧！先生喝吧！"郭亮立即明白了老工人的意思，他端着空碗，假装一饮而尽，随后假装去打水，拐过墙角，趁李麻子不注意的时候，穿过树林跑远了。何八带人来时自然扑了个空。在这则故事中，老工人巧用了哪种双关？

贾诩说话的艺术

《三国演义》第六十八回写道，曹操对儿子曹植宠爱有加，想废了太子曹丕，改立曹植为太子。当曹操就这件事征求大臣贾诩的意见时，贾诩自知难以直言，便装作思考的样子一声不吭。曹操见贾诩不回答，便很奇怪地问他：“爱卿为何沉默不语？”贾诩摆摆手道：“请魏王稍等一下，我正在想一件事呢。”曹操问：“爱卿正在想何事？”贾诩回答：“我正在想当年袁绍、刘表废长立幼招致灾祸的事。”曹操一听，顿时明白了贾诩的言外之意，哈哈大笑起来，暗称自己糊涂，从此再不提废丕立植之事。说话是一门艺术，在现实生活中，很多时候有些话是不能不说又不可直说的。这时，旁敲侧击，寓音于弦外，不失为明智之举。

第四，学会恰当鼓励。

仅仅用心听是不够的，公共关系从业人员还要鼓励公众表达或进一步说下去，要正确地启发对方。启发是指以非语言行为来诱导公众诉说或进一步说下去。启发时，公共关系从业人员要在身体上与公众保持同盟者的姿态。公众站，你则站；公众坐，你则坐；不时地对对方所说的话表示赞同，复述公众的话，让自己和他们显得更亲近，而不要把话题拉回到自己身上。另外还要恰当地提问，提问会让公众知道你很关注他所说的话，让公众深受鼓舞。

（3）掌握公共关系非语言沟通的技巧

心理学家艾伯特·梅拉宾曾提出一个有关沟通有效性的公式：传递信息的总效果 ＝7% 的词语 ＋38% 的声音 ＋55% 的面部表情。从公式中不难看出，传递信息总效果的93%是靠非语言沟通来实现的。非语言沟通可以发挥语言不可替代的独特作用。近几年来非常流行的“肢体语言管理”和“读心术”等，都与非语言沟通有着密切的关联。

① 非语言沟通的定义。

非语言沟通是以人的肢体语言（非言语行为）作为载体，即人与人之间通过目光、表情、动作和空间距离进行信息交流的形式。

②非语言沟通的特点。

非语言沟通所传递的信息往往是很不确定的，但常常比语言沟通更具有真实性，因为它往往发自内心，并且难以掩饰。因此，有的专家认为非语言沟通的重要性甚至超过语言沟通。

③ 非语言沟通在公共关系交际中的具体应用。

非语言沟通的方法很多，其中面部表情、体态语言和副语言较为常见。

a. 面部表情。

在千变万化的表情中，眼神和微笑是最常见的交际符号。

人的瞳孔大小往往不能人为控制，人内心的情感可以透过眼神流露出来。一般来说，注视的时候要控制好时间。对于不太熟悉的公众，注视时间要短；对于谈得来的公众，可适当延长注视时间。注视的位置亦应恰当。在公共关系交际中，目光应放在公众的额头和两眼之间。

微笑的基本特点是不发声、不露齿，肌肉放松，嘴角两端向上略微翘起，面含笑意，亲切自然，最重要的是要发自内心。俗话说"相逢一笑泯恩仇"，双方都能从发自内心的微笑中获得这样的信息："我是你的朋友。"常见的面部表情如图3-2所示。

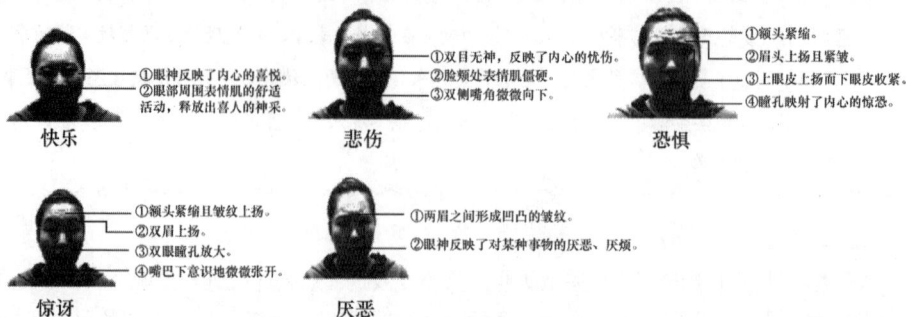

图3-2 常见的面部表情示意图

b. 体态语言。

体态语言指人们运用自身的各种动作、姿态等来表达对周围的人和事的态度。身体各部分肌肉如果绷得紧紧的，可能是由于内心紧张、拘谨。身体的放松也是一种信息传播行为。身体略微向对方倾斜，表示热情和感兴趣；微微起身，表示谦恭有礼；身体后仰，显得若无其事和轻慢；侧转身体，表示嫌恶和轻蔑；背朝对方，表示不屑理睬；拂袖离去，表示的是拒绝交往。人们一直都很重视交往中的姿态，认为这是一个人是否有教养的表现，因此素有"站如松，坐如钟，行如风"之说。如果你和他人见面时耷拉着脑袋、无精打采，对方就会认为也许自己不受欢迎；如果你不正视对方、左顾右盼，对方就可能怀疑你没有诚意。

❓ **问与答**

问：体态语言中有界域语，指交际双方以空间距离传递信息。界域语是人际交往中的一种特殊的无声语言。每个人身体周围都有一个属于自己的个人空间，犹如其身体的延伸，人际交往只有在这个空间内才会显得自然。你知道人际交往的常规距离吗？

答：亲密接触（Intimate Distance）——0～45厘米，交谈双方关系密切，这种距离适用于关系最为密切的人，如夫妻及情人之间。

私人距离（Personal Distance）——46～120厘米，朋友、熟人或亲戚之间往来一般以这个距离为宜。

礼貌距离（Social Distance）——121~360厘米，用于在处理非个人事务的场合中进行一般社交活动，如办公、处理事情。

一般距离（Public Distance）——361~750厘米，适用于非正式的聚会，如在公共场所看演出等。

人们的亲疏远近往往通过人际交往的距离反映出来，我们在与公众交流的过程中，要善于运用空间距离，把握好社交空间。

体态语言常有文化差异，一种姿势在两种文化中可能会有不一样的含义。例如，"OK"手势在美国意味着很好、很棒，或者表示完全理解了某个事物，而在我国多表示任务已经完成，问题已经解决。另外，一种姿势在一种文化中可能毫无意义，而在另一种文化中却有特定含义。例如，用手挠头或一边吸气一边发出"嘶嘶"的声音，这是日本人表示尴尬的常用体态语言，而这些体态语言在另一些文化中没有任何含义，因此不了解的人很可能会忽视日本人传递的这类非语言信息。

c. 副语言。

心理学家称非语言声音为副语言。副语言分为口语副语言和书面语副语言。前者是通过非语言的声音变化（如重音、声调的变化、哭声、笑声、停顿）来实现的。声音的变化，尤其是语调的变化，可以使字面相同的一句话具有完全不同的含义。后者是通过字体变换、标点符号以及印刷艺术的运用来实现的。

练一练

"Will you go or not?" 这个句子如果用正常语速连贯读出，仅是一般的询问；若改变语气，增加重音和停顿——"Will you go, or not?"，则表明讲话人明显带有不满和威胁。音量、音调等副语言所产生的语境效果与众不同，令人印象深刻。请你试着变换方法读出上面这个句子，体会其中的差异。

对副语言的理解也有着文化差异。尤其是沉默，即在讲话和交谈中做出无声的反应或停顿，这在跨文化交际与跨文化研究中最容易引起冲突。中国人认为沉默有着丰富的内涵，可以是赞许、默认、附和，也可以是抗议、保留意见，并且认为它有着超越语言的力量，如"此处无声胜有声""沉默是金"。然而在跨文化交际中，来自英语国家的人在与中国人交流时，往往不太理解对方为什么沉默，把听到提问后保持沉默视为对提问者的蔑视，这往往会导致沟通以失败告终。

对信息接收者来说，留意沟通中的非语言信息十分重要。信息接收者在倾听信息发送者发出的语言信息的同时，还应注意非语言信息，尤其要注意二者之间的差异。例如，有人告诉你，他有时间听你谈谈你的想法，但你所得到的非语言信息却可能告诉你此时并不是讨论这一问题的有利时机。再如，一个人虽然在口头上表示对谈话很感兴趣，但如果他

项目3 公共关系从业人员的交际修养与礼仪规范

不停地看表，就意味着他希望结束交谈。如果我们通过语言表达了一种信任的情感，而通过非语言却传递出与之矛盾的信息，如"我不信任你"，无疑会使人产生误解。这些矛盾信息常常意味着"行动比语言更响亮"。

3.2　公共关系礼仪

组织优质的服务离不开礼仪，公共关系礼仪作为一种传播和沟通的技巧，是公共关系从业人员在公共关系活动过程中必须遵循的礼节和仪式。作为公共关系的组成部分，公共关系礼仪对塑造良好的组织形象起到不可替代的作用。公共关系从业人员了解和掌握公共关系礼仪，能够更好地开展公共关系活动。

3.2.1　公共关系礼仪的定义

礼仪是一个复合词，所谓"礼"，是指道德规范中大家共同遵守的准则；仪是指人们的容貌、举止、神态、服饰，是一种形式。礼仪具体体现了一定的社会道德观念和风俗习惯，是人们在礼节、容貌、举止等方面的行为准则。也就是说，礼仪是人们用来表达敬意、表示友好、调节行为的一种规范和制度。

公共关系礼仪是指公共关系从业人员在公共关系活动中应遵守的尊敬他人、讲究礼节的规范和要求。

拓展阅读

礼仪之邦重礼仪

我国是文明古国，礼仪之邦。礼仪在我国可谓源远流长。"克己复礼"的意思是，每个人都要克制自己的欲望，懂礼仪，知廉耻，按照一定的程序处理人际关系问题。礼仪文明作为我国传统文化的一个重要组成部分，对我国社会历史发展产生了广泛深远的影响，其内容十分丰富。礼仪涉及的范围十分广泛，几乎渗透于古代社会的各个方面，并且延续至今。

3.2.2　公共关系礼仪的原则

礼仪是在交往中体现出来的人与人之间的相互尊重，是按约定俗成的方法付诸实施的规定。公共关系礼仪的原则一共有 8 个，如图 3-3 所示。它们同等重要，缺一不可。

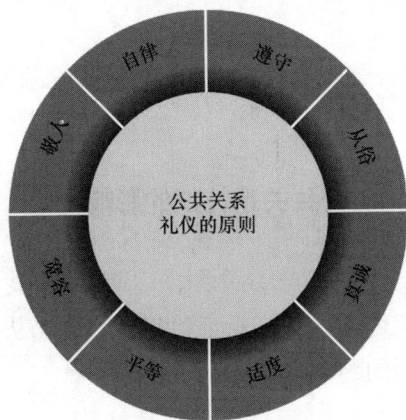

图 3-3　公共关系礼仪的原则

（1）遵守

公共关系从业人员要用公共关系礼仪去规范自己在交际活动中的言行举止，自觉遵守公共关系礼仪。

（2）自律

学习、应用公共关系礼仪，必须自我要求、自我约束、自我对照、自我反省、自我检点。

（3）敬人

公共关系从业人员要常存敬人之心，处处不可失敬于人，不可伤害他人的个人尊严，更不可侮辱他人的人格。掌握了这一点，就等于掌握了公共关系礼仪的灵魂。

（4）宽容

公共关系从业人员在公共关系交际活动中运用礼仪时，既要严于律己，又要宽以待人。不应求全责备，斤斤计较。

（5）平等

公共关系从业人员不能因为交往对象在年龄、性别、文化、职业、身份、地位、财富以及与自己的关系等方面有所不同，就厚此薄彼，但允许对不同的交往对象，采取不同的交往方法。

（6）适度

公共关系从业人员在应用公共关系礼仪时，必须注意技巧及其规范，尤其要注意把握分寸，做到恰到好处。

（7）真诚

公共关系从业人员在公共关系交际活动中运用公共关系礼仪时，务必诚实无欺，言行一致，表里如一。

（8）从俗

由于国情、民族、文化背景的不同，公共关系从业人员必须入乡随俗，切勿目中无人、自以为是。

3.2.3　中西方文化差异对公共关系礼仪的影响

中西方文化差异必然导致中西方公共关系礼仪千差万别。我们必须具备跨文化交际能力，只有这样，才能消除文化冲突，使交际活动更有效。本节从以下几个方面来分析中西方文化差异对公共关系礼仪的影响。

1. 价值观

在我国传统观念中，个人不能脱离社会，个人有个性，应该弘扬个性，但个人不能置于国家、集体之上。这种非自我主体性的价值观与西方的以自我为核心的个人主义价值观大不相同。

在对待隐私的问题上，中西方的观念有很大不同。西方人视为干涉隐私的行为，在我国往往被视为关心他人的具体体现，如见面后寒暄，询问别人的年龄、籍贯、职业等，这些都属于很正常的事情。而在西方，询问这些问题常被视为有失礼貌。

2. 时间观

我国持有的是环形时间观念。在这种观念的影响下，中国人在时间方面灵活性较强。

西方人持有的是线性时间观念，认为时间像一条有始有终的直线，做任何事都应严格按照日程安排。在两种观念的支配下，人们对时间的处理方式也不同。

3. 饮食观

“民以食为天”，这反映了饮食在中国人心目中的地位。中国菜肴强调“五味调和”和“色、香、味、形、器俱佳”，并且特别重视味美。

在餐饮氛围方面，我国传统的宴席上，大家围着圆桌而坐，这就首先从形式上营造了一种团结、礼貌、共享的气氛。美味佳肴置于中心，人们相互敬酒让菜、热闹非凡。西式宴会的核心在于交谊，讲究优雅温馨，富有情趣和礼仪，通过与邻座客人之间的交谈，达到结交朋友的目的。

中西方宴请礼仪也各具特色。在中国，从古至今大多以左为尊，在宴请客人时，要将很尊贵的客人安排在主人左手边的第一个座位，然后依次安排。在西方则是以右为尊。“女士优先、尊重妇女”是西方宴会排座位的标准。

当文化相遇时的差异性

著名人类学家基辛在其《文化人类学》的开篇讲述了一个关于"吃"的故事："一位保加利亚主妇设宴招待她丈夫的一些朋友，其中有一位亚洲学生。当客人们吃完他们盘里的菜以后，她问有没有谁还想要第二盘，因为对一位保加利亚女主人来说，如果没有让客人吃饱，那是很丢脸的事。那位亚洲学生接受了第二盘，然后又接受了第三盘，这使女主人忧心忡忡地又去厨房里准备了下一盘。结果，那位亚洲学生在吃第四盘的时候，竟撑得摔倒在地板上了；因为在他的国家，拒绝女主人招待的食物是对女主人的侮辱。"

在这样一个例子中，我们能明确感受到的，正是"吃"的文化性。我们同样不难找到有关"喝"的文化性的例子，如我国的茶。饮茶与其说是满足人们生理上解渴的需要，不如说是满足人们文化品位上的需要。研究茶文化的专家告诉我们，茶是"健康之饮"，更是"灵魂之饮"，"作为中国人精神世界的一个投影的中国茶文化，既是物质的，又是精神的，是以物质为载体的精神现象，是在物质生活中渗透着的明显的精神内容"。与茶联系在一起的茶艺、茶道、茶礼等，凡亲身领教过的人都知道，其中所含的完全就是文化。

我们可以将基辛书中所讲的故事形象地表述为"当文化相遇时的差异性"，不同的文化相互碰撞，便会产生许多有趣的"故事"。当文化相遇时，人们会不自觉地站自身的立场去理解他人。

4. 语言习惯

在中国，保持低调、谦虚是一种美德，所以人们面对别人的赞扬时总是自谦，如"哪里""不好""不行""还不够"等，而这不符合西方文化传统，西方文化把这种谦虚视为自卑。中国人讲究贬己尊人，把自己的家叫作"寒舍"，自己的作品叫作"拙作"，称对方为"您"，称对方的意见为"高见""宝贵意见"。而英语中的敬语和谦辞则非常少，在英语环境里，不管对方年龄多大、辈分多长、地位多高，You 就是 You，I 就是 I，不用像汉语那样用诸如"您、您老、鄙人"等敬谦语。在国际商务活动中经常遇到的情况是：面对别人的赞扬和祝贺，中国人常会说出一连串的"哪里，哪里""您过奖了""我做得不好""不行，不行，还差得远呢"等自谦语。这往往使西方人因自己的话被直言否决而感到中国人不讲礼貌。因为，在西方文化里，夸赞别人的人总是希望对方对他的赞扬做出肯定的评价和积极的反应。西方人在听到别人的赞扬时，总是毫不犹豫地说声"Thank you"，这在部分中国人看来是堂而皇之地接受了别人的赞扬，是非常不谦虚的。

中国人见面时总喜欢问 "您吃饭了吗""您去哪儿"。在国内，大家听了这些话会感到非常亲切，可西方人听了这些话可能会反感。前面提到，西方人不喜欢别人过问和干涉他们的个人生活。你问他去哪儿，他会认为你在打听他的私事；你问他吃饭了没有，他会误认为你想请他共进午（晚）餐。在西方国家如英国，人们见面时总习惯于问一句："今天天气怎么样？"

一位英国老人到中国游览观光，对接待她的导游评价颇高，便夸奖导游："你的英语讲得好极了!"导游马上回应说："我的英语讲得不好。"老人一听生气了："英语是我的母语，难道我不知道英语该怎么说?"老人生气的原因无疑是导游忽视了中西方礼仪的差异。中国人谦让克己、情感含蓄，西方人直接表达、情感外露。

试着进行角色扮演，体会文化差异。

5. 非语言习惯

中西方文化差异也大量存在于非语言习惯之中，我们应从文化层面上更好地理解各国的公共关系礼仪。通常，非语言习惯包括手势、目光、体距等。现代礼仪中最常见的非语言习惯是握手。在西方国家，两人握手后马上松开，两人的距离也随即拉开；而中国人为了表示热情和尊重对方，有时会握住对方的手久久不放，十分满足地闲谈，有时还会轻拍对方的肩和背，对此西方人会觉得窘迫不堪，他们认为两人距离太近会显得过于亲密。

耸肩也是许多西方国家常见的身体姿势。西方人耸肩常常表示"有什么办法呢?""我不知道""无能为力"，而中国人在表达上述意思时多摇头或摆手。在听别人谈话时，中国人总是习惯默默地听着，并且认为此时提出问题、打断别人讲话是非常不礼貌的，是不谦逊和挑剔的一种表现。而西方人则对此感到非常疑惑，认为你这样做要么表示你没有好好听，要么就是厌倦和生气了，这时他们会不高兴地一再重复。因为在西方国家如美国，人们听别人讲话时总是不断给予各种反应，提出各种问题。

3.2.4 常用礼仪规范

我们在工作和生活中需要和各种人打交道。不同的场合有不同的礼仪规范要求。

1. 个人礼仪

个人礼仪是社会个体的生活行为规范与待人处世的准则和具体规定，个人礼仪的核心是尊重他人、待人友善、表里如一、内外一致。

（1）仪表礼仪

男性仪表示意图如图3-4所示。

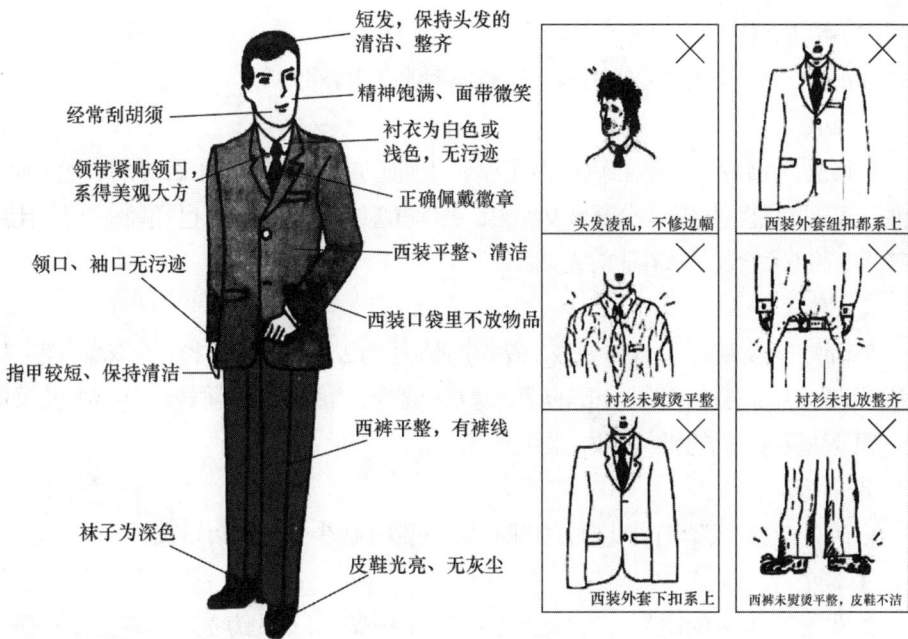

短发，保持头发的清洁、整齐
精神饱满、面带微笑
衬衣为白色或浅色，无污迹
正确佩戴徽章
西装平整、清洁
西装口袋里不放物品
西裤平整，有裤线
皮鞋光亮、无灰尘
袜子为深色
指甲较短、保持清洁
领口、袖口无污迹
领带紧贴领口，系得美观大方
经常刮胡须

头发凌乱，不修边幅
西装外套纽扣都系上
衬衫未熨烫平整
衬衫未扎放整齐
西装外套下扣系上
西裤未熨烫平整，皮鞋不洁

图 3-4　男性仪表示意图

女性仪表示意图如图 3-5 所示。

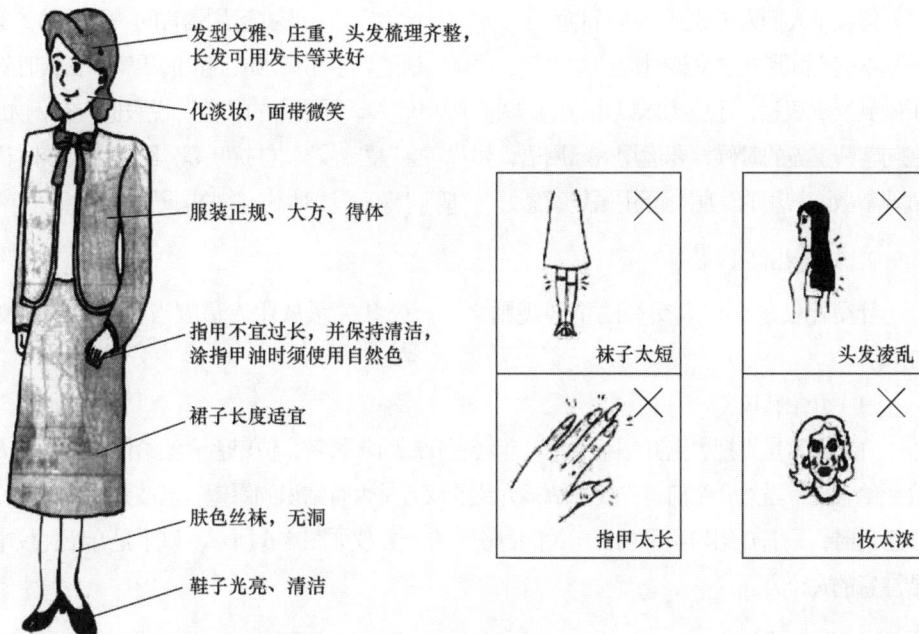

发型文雅、庄重，头发梳理齐整，长发可用发卡等夹好
化淡妆，面带微笑
服装正规、大方、得体
指甲不宜过长，并保持清洁，涂指甲油时须使用自然色
裙子长度适宜
肤色丝袜，无洞
鞋子光亮、清洁

袜子太短
头发凌乱
指甲太长
妆太浓

图 3-5　女性仪表示意图

（2）举止礼仪

举止礼仪是一个人的活动以及在活动中各种身体姿势的总称。

① 站姿。

俗话说"站如松"。正确的站姿是：抬头，目视前方，挺胸直腰，肩平，双臂自然下垂，收腹，双腿并拢直立，脚尖分开呈 V 字形，身体重心放到两脚中间；也可两脚分开，比肩宽略窄，将双手合起，放在腹前或腹后。

② 坐姿。

俗话说"坐如钟"。入座时要轻，最多坐满椅子的2/3，后背轻靠椅背，双膝自然并拢（男性可略分开）。身体稍向前倾，以表示尊重和谦虚。如果需长时间端坐，可双腿交叉重叠，但要注意将上面的腿向回收，脚尖向下。

③ 行姿。

俗话说"行如风"。在行走时，如果有急事可以小碎步或加大步伐行走。

④ 蹲姿。

如果需拾取低处的物件，应保持大方、端正的蹲姿。正确的蹲姿为一脚在前，一脚在后，两腿向下弯曲，前脚全着地，小腿基本垂直于地面；后脚的脚跟提起，脚掌着地，臀部向下。

（3）言谈礼仪

言谈是人们为了达到某种目的而在一定的环境中以口头形式运用语言的一种活动，是最基本的交际形式。交谈时应注意语气、语调、语速，多用请求或商量的语气。交谈时除了做到准确表意，还应力求以语言的"礼"吸引他人，以语言的"美"说服他人。例如，在与客户交流的时候，要运用交际用语，如"幸会""恭候""打扰"等，跟老人交谈时语气要恭敬。常用的文明交际用语是"您好""请""谢谢""对不起""再见"等。

2. 社交礼仪

社交礼仪是人与人交往的重要规则之一。公共关系从业人员应当特别重视社交礼仪。

（1）介绍礼仪

介绍通常是先把男士介绍给女士，年轻者介绍给年长者，位卑者介绍给位尊者，主人介绍给客人，当然介绍前首先要了解被介绍的双方是否有结识的愿望。当被介绍者拥有许多身份时，只需介绍与当下场合相关的身份。介绍礼仪如图 3-6 所示。以下是介绍礼仪中要注意的几个方面。

图3-6 介绍礼仪

① 称呼。

一般称男性为先生，称女性为小姐、夫人及女士，即按国际惯例称呼。但假如有一位名为王建国的男性经理，称他为王经理、王先生，可能都不错，但在不同的场合，总有一个他最乐于接受、他人最认可的称呼，你如果能善用这个称呼，可能会事半功倍。

② 自我介绍。

我们通常把自己的姓名、供职单位或部门、职务或职能范围称为自我介绍三要素。

③ 握手。

扫一扫案例讲解视频

介绍他人的原则

在某些情况下我们先伸手是合乎礼仪的，但在另外一些情况下先伸手又是失礼的。通常伸手的先后顺序是女士在先，男士要等女士伸手后再握，否则会出现让男士很尴尬的局面。如果女士不伸手，无握手之意，那么男士点头致意即可。年长者在先，年轻者一般要等年长者先伸出手。主人在先，主人有向客人先伸手的义务，无论客人是男士还是女士，主人都应该先伸出手，以示欢迎。上级在先，下级要等上级先伸出手再上前握手。但如果在当前场景下是主宾关系，主人尽管是下级也应先向上级伸出手表示欢迎。而至于身份相当者，则以先伸手者为有礼。握手时间一般以4～5秒为宜。握手不宜过猛或毫无力度，要注视对方并面带微笑。握手时切忌戴手套或手不干净。

（2）电话礼仪

电话礼仪常作为现代礼仪的入门学习内容。

① 接电话。

a. 应在电话铃响3声内接起，如超过3声，则应致歉。

b. 应首先介绍自己，表明身份。

c. 要注意音量、语速等。电话只能传递你的声音，无法传递你的肢体语言，所以在这个时候要特别注意自己的音量、语速，以及表达的准确性。

d. 应准备好纸笔记录要点，包括时间、地点、对象和事件等重要事项。

e. 来电客户不满、抱怨时，也要静静地听完客户的话，再解释说明或澄清误会。

f. 在和客户谈话时，如遇其他客户来电，应在向客户致歉后，再去接电话。此时在电话中的交谈应尽可能简短，避免让客户久等。

g. 应在确认对方已挂电话后轻轻放下话筒。

② 打电话。

a. 应考虑打电话的时间，并注意确认对方的电话号码、姓名，以免打错电话。

b. 应准备好所需的资料或提纲。

c. 讲话内容要有次序，简洁明了，时间不宜过长。

d. 如发生电话中断等情况，应主动立即再次拨打并致歉。

e. 一般应该把通话时间控制在 3 分钟以内，最长也不要超过 5 分钟。如果在这一次沟通中你没有完全表达你的意思，可以约定下次打电话的时间或面谈的时间，以免占用对方过长的时间。

电话礼仪如图 3-7 所示。

图 3-7　电话礼仪

（3）名片使用礼仪

我们在使用名片时要格外注意以下几点。

① 名片的准备。

a. 名片不要和钱包、笔记本等放在一起，原则上应该使用名片夹。

b. 名片可放在衬衣的左侧口袋或西服的内侧口袋，但不可放在裤兜里，并不可使存放名片的口袋鼓起来。

c. 要保持名片和名片夹的清洁、平整。

d. 会客前要检查和确认是否有足够的名片。

② 接收名片。

a. 必须起身并双手接名片。

b. 接过名片后要点头致谢，不要立即收起来或随意摆弄，而应认真默读一遍，要注意对方的姓名、职务、职称，以示敬重。对没有把握念对的姓名，可以请教一下对方，然后将名片放入自己的口袋、手提包或名片夹中。

c. 切记不可在接收的名片上做标记或写字。

d. 不要将对方的名片遗忘在座位上或不小心落在地上。

③ 递交名片。

递交名片的次序是由下级或访问方先递名片；介绍时，应由被介绍者先递名片。递交名片时注视对方，微笑、致意并使用得当的敬辞，如"请多关照""请多指教"之类的句子。递交名片示意图如图 3-8 和图 3-9 所示。

图 3-8　递交名片示意图 1　　　　图 3-9　递交名片示意图 2

a. 递交名片时应当用双手，名片的正面应朝上、名字正对对方，并注意要让对方易于接收。

b. 互换名片时，应用右手拿着自己的名片，用左手接过对方的名片后，用双手托住，并看一遍对方的职务、姓名等。

c. 在会议室等场所遇到多人相互交换名片时，可按对方座次排列名片。多人递交名片如图 3-10 所示。

图 3-10　多人递交名片

♩ 练一练

怎样递交和接收名片？请按上述要求练习互换名片。

（4）接待客户的礼仪

接待客户的基本要求是文明、礼貌、热情。

项目3　公共关系从业人员的交际修养与礼仪规范

55

① 接待客户时应着职业装，保持衣冠整洁，举止文雅大方，精神饱满，不面带倦意（拜访客户也应如此）。

② 接待客户时要礼貌、热情，不卑不亢，接待规格和等级要合适。

③ 不熟悉的客户到达时，应在客户到达前去门口迎接（重要的客户也应如此），并上前主动询问"请问您是否是某某单位的某先生／女士？"得到确认后，主动引导其到会谈室。初次会见时要主动交换名片，报清自己的姓名和职务。附加的接待服务包括安排车辆、帮助客户提拿重物、在前往会谈室的过程中向客户介绍有关情况等。

④ 引导客户时，应站在客户的侧前方二三步处，注意不要挡住客户的视线，随客户轻步前进，遇拐弯或台阶要回头向客户示意。进电梯时，一只手为客户挡住电梯门，另一只手示意请客户先上；出电梯时，一只手为客户挡住电梯门，另一只手示意请客户先出。上楼梯时请客户先上，下楼梯时请客户先下。注意使用"请跟我来""这边请""里边请"等话语。

⑤ 双方会面时，客户一方应面向门口入座，主座居中，其他人按顺序左右入座。

⑥ 按座位依次介绍同时参会的各位同事，同事的座次一般按职务、级别来安排。

⑦ 与客户会谈时，不可有抓头、搔痒、剔牙、挖耳、打哈欠等举动。如因生病而擦鼻涕、打喷嚏，应侧过脸并向客户表示歉意。

⑧ 与客户会谈时，要态度和蔼、言语谦逊，不随便打断客户讲话，要做一名耐心的听众，并认真记录；要善于抓住客户感兴趣的话题，并以此作为会谈的切入点，不要让客户反感。

⑨ 准备好企业的宣传品及必要的赠品，在客户离开时交给客户。

⑩ 客户离开时，为客户打开车门，注意不要夹住客户的衣、裙等，待客户上车且等车发动后，予以引导离开，与客户挥手告别，目送客户离开，待车开出大门再返回。

⑪ 再次接触客户时要能记住客户的姓名和职务，进行业务往来时应以职务称呼。

📖 项目小结 ━━━━━━━━━━━━━━━━━━━━━━━━

交际是公共关系工作的一个重要组成部分，本项目介绍公共关系从业人员必须具备和遵守的交际修养与礼仪规范，主要包括以下几点。

（1）公共关系交际是人们为了实现塑造组织良好形象的目的而开展的人际交流沟通活动。

（2）公共关系交际有两种类型：一种是人际交往，另一种是组织交际。公共关系交际与一般私人交往不同。

（3）公共关系交际修养，是指人们按照一定的交际原则和规范要求，在交际意识、交际要求和交际方法等方面进行的自我改造、自我提高等行为活动，以及经过这些行为活动后所形成的相应的交际素养和能力。

（4）公共关系交际的基本准则：①真诚原则；②宽容原则；③尊重原则；④互酬原则；⑤自我袒露原则；⑥弹性原则；⑦相似性原则；⑧互补性原则。

（5）提高公共关系交际修养主要有3种方法：①端正交际心态；②掌握语言交流的方法；③掌握公共关系非语言沟通的技巧。

（6）公共关系礼仪是指公共关系从业人员在公共关系活动中应遵守的尊敬他人、讲究礼节的规范和要求。

（7）公共关系礼仪的原则：①遵守；②自律；③敬人；④宽容；⑤平等；⑥适度；⑦真诚；⑧从俗。

（8）公共关系礼仪具有中西方文化差异，主要体现在5个方面：①价值观；②时间观；③饮食观；④语言习惯；⑤非语言习惯。

（9）常用礼仪规范有个人礼仪和社交礼仪两种。公共关系从业人员在不同的场合，与不同的人打交道，均应按照礼仪规范严格要求自己。

📖 项目练习题

一、多项选择题

1. 介绍是社交的重要环节，在介绍他人时通常的做法有（   ）。

　A. 先将女士介绍给男士　　　　　　B. 先将男士介绍给女士

　C. 先将地位高者介绍给地位低者　　D. 先将地位低者介绍给地位高者

　E. 先将年轻者介绍给年长者

2. 交际型公共关系的特点有（   ）。

　A. 直接沟通　　　B. 形式灵活　　　C. 信息反馈快　　　D. 富于人情味

　E. 便于加强感情联络

3. 公共关系交际的基本准则包括（   ）。

　A. 真诚原则　　　B. 宽容原则　　　C. 尊重原则　　　D. 互酬原则

　E. 弹性原则　　　　F. 自我袒露原则

4. 名片的准备礼仪主要有（   ）。

　A. 名片不要和钱包、笔记本等放在一起，原则上应该使用名片夹

　B. 名片可放在衬衣的左侧口袋或西服的内侧口袋，但不可放在裤兜里，并不可使存放名片的口袋鼓起来

　C. 要保持名片或名片夹的清洁、平整

　D. 会客前要检查和确认是否有足够的名片

二、判断题

1. 公共关系交际活动较为正式，如举办联谊活动、参观组织等，而一般私人交往则具

有相当大的随意性和偶然性。（　　）

2. 弹性原则指当事物的发展并不像预想的那样顺利时，可以不讲原则性，只讲灵活性。（　　）

3. 交际对象是构成语境的重要因素。（　　）

4. 交换名片时应当双手递上，而接受名片时，则可以单手或者双手接。（　　）

三、名词解释题

公共关系交际修养　非语言沟通　公共关系礼仪　公共关系交际的相似性原则

四、问答题

1. 公共关系交际应遵循哪些基本准则？

2. 公共关系语言怎样表达才恰当？

3. 如何使自己的语言表达适合语境？

4. 影响有效公共关系交际的不正常交际心态主要有哪些？分别怎样克服？

5. 何谓副语言？副语言在沟通过程中的作用是什么？

6. 跨文化语言交流有哪些制约因素？

7. 公共关系礼仪的原则有哪些？其中最重要、最基本的原则是什么？

8. 在公共场合握手应注意什么？

9. 在公共场合，主持人或中介人介绍别人时应注意什么？

10. 中西方文化差异对公共关系礼仪的影响有哪些？

五、案例分析题

案例分析题 1

社交案例

某人到新单位工作才几天，在一次聚会上为了让大家认识自己，做起自我介绍，他从自己的童年谈起，谈了自己的成长，自己的兴趣、爱好、习惯、待人接物的原则和方式，自己过去的业绩等，谈了一个小时左右。大家确实"认识"了他，但后来大家一说起他，都会不约而同地说："这个人很会吹牛！"

这个人为什么会给人留下 "很会吹牛" 的印象？

案例分析题 2

最好的介绍信

一位先生在报纸上刊登了一则广告，要雇一名勤杂工到他的办公室做事。有 50 多人前来应聘，但这位先生却选中了一个年轻人。他的一位朋友问道："为什么选那个年轻人？他既没有介绍信，也没有人引荐。"

这位先生说："他带来了许多'介绍信'。他在门口蹭掉了脚上的泥土，进门后随手关上了门，说明他做事小心仔细。当看到那位残疾老人时，他立即起身让座，这表明他心地善良、体贴别人。进了办公室，他先脱下帽子，回答我提出的问题时干脆果断，这证明他既懂礼貌又有教养。其他所有人都从我故意放在地板上的那本书上迈过去，只有他俯身捡起那本书，并放回桌子上。当我和他交谈时，我发现他衣着整洁，头发梳得整整齐齐，指甲修得干干净净。这些难道不是最好的介绍信吗？"

一位没有介绍信也没有人引荐的年轻人为什么能在众多求职者中脱颖而出？试分析他在细节处所体现的良好礼仪。

项目实训

项目实训一：非语言沟通信息的识别

1. 实训目标

了解非语言沟通的种类、特性及在沟通过程中的作用。

2. 实训名称

请你来看我。

3. 实训程序

（1）非语言沟通的定义说明与活动说明。

（2）活动方案。

①将成员等分成两组，一组为观察组，另一组为被观察组。

②选定适当的位置，被观察组成员坐内圈，观察组成员坐外圈。

③每位观察组成员分别选定内圈中的某个人为观察对象，但不能让内圈的人知道观察他的人是谁。

④内圈的人用 15 分钟的时间讨论一个每位成员都感兴趣的主题，最好是能引起个人感受的话题，如假如我想对他表白……

⑤外圈的人观察并记录被观察者的眼神、表情、姿势、声音等非语言沟通信息。

（3）活动分享。

①15 分钟后，观察者与被观察者两人一组，由观察者给予对方反馈，但只叙述不解释。

②叙述完毕后，被观察者和观察者讨论刚才自己的非语言沟通信息所代表的意义。

（4）重复（2）（3）的程序。

（5）团体统整。

①谈一谈在这个活动中的感受与体验。

②别人所观察到的非语言沟通信息是否与自己所要表达的一致？如果不一致，原因何在？

③看到别人的某种非语言沟通信息，你有什么感受？

4. 活动器材

笔、非语言沟通信息观察记录表。

5. 注意事项

（1）活动总结时，重点分析"我看到了哪些以前没有注意到的非语言沟通信息"，并以"非语言沟通信息在沟通中的重要性"为主题进行讨论。

（2）把在记录表的感受栏中所做的记录与大家分享。

（3）两人一组的成员不要互为观察者。

项目实训二：根据公共关系情景进行沟通模拟表演

1. 实训目的

（1）体会公共关系活动的场景氛围、了解公共关系具体工作的细节安排。

（2）树立公共关系意识，学习公共关系从业人员的言行规范，展示其良好的精神风貌。

2. 背景材料

场景一：某厂公共关系部，公共关系从业人员正在忙碌，这时，一位顾客突然推开门，怒气冲冲地说："你们厂生产的产品质量这样差！我只用了一次，这东西就坏了。我要退货！"

问题：假如你是公共关系从业人员，你会如何平息她的怒气？怎么让她满意而归？

场景二：某百货大楼，有一位顾客在货架上挑选了一支牙膏，放入自己的口袋，然后又在超市里逛了一圈，没有付款就走出门去。

问题：假如你作为公共关系从业人员发现了这一情况，追上这位顾客时，你将采取什么行动？

场景三：某银行会议室，银行领导决定就本单位的服务质量、服务态度、服务水平召开一次客户信息反馈座谈会。

问题：假如你是公共关系从业人员，负责主持这次座谈会，请你拟写一段开场白，并发表意见。

3. 实训设计

（1）采取课堂分组情景模拟表演的形式，自行分组、分配角色，布置表演场景。

（2）表演地点在授课教室，每组表演时间为15分钟左右。

（3）注意不同场景下公共关系策略的选择，角色表演要到位，注意设计符合公共关系从业人员身份的言行。

（4）由各小组选出的代表组成评分小组，给每个表演小组评分。

（5）评分标准：小组自我评分占30%，学生互评占30%，教师评分占40%。

模块 3
公共关系客体

学习提示:

此模块介绍公共关系的客体——公众以及组织处理与公众的关系的

原则和方法等。组织只有了解公众,才能制定正确的目标、策略和方法,

从而使公共关系工作建立在科学的基础上。

项目 4　公众与公众心理

【学习目标】

（1）知识目标：了解公众的定义及类型，熟悉并掌握针对目标公众的工作方法；了解认识及影响公众心理的方法；与公众良好沟通并影响公众心理。

（2）技能目标：能够根据不同公众的特点采取相应的公共关系策略，处理公共关系，能够分析公众的心理特征，识别与公众心理沟通的常见障碍并克服障碍。

（3）素质目标：对维持良好公共关系的理念有深刻的认识，培养公众利益优先的意识。培养透视公众心理的素质，具有基于公众心理寻找公共关系机会点的意识。

引　例

巨百餐饮的微信群

巨百餐饮在南京某大学运营之初就建立了微信群，除了在群里发布自家即将上新的菜品、小吃的相关信息，巨百餐饮还虚心征求顾客对菜品种类、食材搭配、口味、打包用具等的意见，并根据顾客的反馈信息对菜品进行调整。顾客能够提前得知菜品的相关信息，方便顾客选择；顾客提出的意见能够受到巨百餐饮的重视，也对巨百餐饮增加了好感。巨百餐饮特别注重开展节日公共关系活动，如三八妇女节，店家会在微信群里送上节日祝福并通知大家：店门口放好了鲜花、水果、酸奶、冰红茶等礼物，顾客可以免费挑选。曾有菜品中存有异物，引起顾客投诉的事情发生。巨百餐饮在第一时间道歉，为顾客重上菜品，且进行相应的赔偿，并在微信群发布了道歉信息，欢迎大家主动监督，赢回了消费者的信任。

大学食堂的消费者以大学生为主，多数大学生离家较远，巨百餐饮的种种暖心公共关系活动使大学生感受到诚意和关怀之情，提升了大学生对巨百餐饮的认同感和信任度。长期以来，巨百餐饮用暖心公共关系活动建立并维持了与顾客之间的良好关系。

公共关系也称公众关系，因为公共关系的客体就是公众。任何组织的生存和发展，都离不开公众的支持和信任。组织协调各种公共关系以赢得良好的社会舆论，正是公共关系工作的重要内容。因而要做好公共关系工作，公共关系从业人员就必须对公众进行充分的了解和研究。本项目主要介绍公众的定义、特点、类型，对基本目标公众进行分析，阐明组织处理与各类公众的关系的原则与规范，并进一步介绍公众的心理，说明组织与公众进行心理沟通的常见障碍及突破障碍的方法，以及如何认识及影响公众心理。

4.1　了解公众

公共关系活动自始至终都离不开公众。了解公众、认识公众和掌握公众的相关知识，是开展各项公共关系工作、建立良好的公共关系、树立良好的组织形象的前提。

4.1.1　公众的定义

公众是指与公共关系主体面临某种共同问题、享受共同利益的社会群体或个人。不是任何社会群体都是组织的公众，公众这个特定群体是与特定组织产生互动效应的对象，对组织有重要的影响。

> 🔍 **查一查**
>
> 　　在日常生活中，公众容易与人民、群众、人群、受众等概念混淆，请查一查它们之间的区别。

4.1.2　公众的特点

公众这一概念有其特殊性，了解其特点，对于把握公共关系的真谛至关重要。

1. 整体性

公众面临共同的问题，具有某种内在的联系和共同的意识，会为了某种共同的利益而行动。

2. 相关性

公众因面临某个共同的问题而聚集，这个问题对相应组织的目标和发展具有实际或潜在的影响力、制约力，甚至决定组织的成败；而该组织的决策和行为对公众所面临的问题的解决也具有影响力，它制约公众问题的解决、需求的满足、利益的实现，从而使组织与公众之间产生相关性和互动性。

3. 主次性

各类公众对组织的影响程度不同，其公共关系工作的目标、重点和具体对象均不同。

4. 层次性

公众复杂多样，公众的存在形式也不是单一的，公众由大量的个人、群体、团体和组织构成。即使是同一类公众，也可以有不同的存在形式。

5. 动态性

组织中的公众并非一成不变，公众的性质、结构与数量具有多变性，组织与公众的关系也处于不断的发展和变化之中。

4.1.3 公众的类型

公众分类是公共关系理论的重要内容之一。公共关系政策的制定和公共关系方法的运用，都基于对不同公众的区分。对公众进行较为准确的分类和判断，既是公共关系从业人员业务能力的体现，也是公共关系工作取得预期效果的重要保证。根据不同的标准，组织面对的公众可分为不同类型。

1. 根据组织公共关系活动的内外部对象，公众可分为内部公众和外部公众

内部公众即组织内部的成员群体，如管理人员、技术人员、销售人员、辅助人员及股东等。

外部公众即组织外部的沟通对象群体，如消费者、协作者、竞争者、记者、政府官员等。

2. 根据公众的组织结构，公众可分为个体公众和组织公众

个体公众指以个体的形式与组织发生联系的公众。组织公众指以组织的形式与组织发生联系的公众。

3. 根据关系的重要程度，公众可分为首要公众和次要公众

首要公众指关系到组织生死存亡、决定组织成败的公众。次要公众指对组织的生死存亡有影响但不起决定作用的公众。次要公众不应完全被放弃，组织在保证首要公众利益的前提下也应兼顾次要公众利益，因为次要公众也可能转化为首要公众。

4. 根据公众对组织的态度，公众可分为顺意公众、逆意公众和边缘公众

顺意公众指对组织的政策、行为和产品持赞成意见和支持态度的公众。

逆意公众指对组织的政策、行为或产品持否定意见和反对态度的公众。

边缘公众则指对组织持中间态度、观点和意向不明朗的公众对象。

5. 根据公众发展过程的不同阶段，公众可分为非公众、潜在公众、知晓公众、行动公众

非公众是公共关系学中的特殊概念，指与组织无关，其观点、态度和行为不受组织影响，也不对组织产生作用的公众。

潜在公众即由于潜在公共关系问题而形成的潜伏公众、隐患公众、隐蔽公众或未来公众。

知晓公众即已经知晓自己的处境，明确意识到自己面临的问题与特定组织有关，迫切需要进一步了解与该问题有关的所有信息，并开始向组织提出有关权益要求的公众。

行动公众即已采取实际行动，对组织施加压力，并迫使组织采取相应行动的公众。

公众形成发展顺序如图 4-1 所示。

图 4-1　公众形成发展顺序

✎ 想一想

上海市南京东路上的行人都是上海市东方商厦的公众吗？远在西藏的农民一定不是上海市东方商厦的公众吗？为什么？公众究竟指什么人？

4.2　基本目标公众分析

具体分析基本目标公众，我们会更加深入地认识公众。本书以公共关系应用较为普遍的企业为例，对其基本目标公众进行分析，包括员工公众、顾客公众、媒介公众、政府公众等。其他类型的组织，了解企业的基本目标公众，也可以触类旁通、举一反三。

4.2.1　员工公众

员工既是内部公共关系工作的对象，又是外部公共关系工作的主体，是与企业相关性最强的一类公众。

员工是企业直接面对的、距离最近的公众，是形成企业力量的主体，是企业创造一流产品或服务的主力军，是塑造和传播企业形象的积极因素。建立良好的员工关系，可以培养企业员工的认同感和归属感，使其形成向心力和凝聚力。

1. 员工公众的定义

员工公众包括企业内部全体职员、工人、管理干部。员工关系不同于一般的人事关系和劳动关系，员工关系工作最主要的责任是实现企业与员工之间的良好沟通，使企业的决策及行为能充分体现企业与员工双方的共同利益，能同时满足双方的愿望和要求，并说服员工将个体利益目标寓于企业整体利益目标之中，使双方达成信任与合作关系。

2. 处理员工关系的方法

企业处理员工关系的方法如图 4-2 所示。

图 4-2　企业处理员工关系的方法

（1）了解员工对企业的期望和要求

员工对企业的期望和要求，以及企业对这些期望和要求的满足程度，决定了员工对企业的态度和表现。一项调查表明：员工对企业不满意的 3 个主要原因是报酬不够、工作单调和人情冷漠。由此可见，满足员工的要求，提高他们的积极性，是企业处理好自身与员工关系的关键。

（2）建立有效的沟通机制

美国民意调查公司的一项调查表明，只有 1% 的员工认为企业的事与己无关，而 99% 的员工都渴望知道企业的最新动态，希望了解企业的内情。因此，建立有效的沟通机制，把企业的信息及时告知员工，提高企业的透明度，是企业建立良好员工关系的重要途径。

（3）尊重并公平对待员工

企业在制定员工奖酬制度时要尊重并公平对待员工，应当精心设计奖酬形式，使之对员工有吸引力。这样才能提高员工的满意度，更好地激励员工。企业还应建立员工帮助计划来帮助员工及其家属解决职业心理健康问题，以缓解员工的压力，促进员工关系朝着积极的方向发展。

🖋 **课堂讨论**

一位企业的董事长曾说："当员工把心放在工作上的时候，他就会替你去揣摩顾客的心思。支持企业发展的根本，从来不是钱，而是员工。"所以该企业非常关注两点：顾客满意度和员工满意度。该企业明文规定：员工宿舍必须是配有空调和电视的楼房，不能是地下室，距离门店步行时间不能超过 20 分钟，因为太远会影响员工休息。

请你从员工关系的角度，评价这位董事长的观念。

4.2.2　顾客公众

顾客公众是企业最重要的，也是数量最多的外部公众。企业要想生存和发展，首先就要建立良好的顾客关系。

1. 顾客公众的定义

顾客公众也称服务对象公众，是指企业的具体服务对象，如商场中的顾客，宾馆中的住客，酒店中的就餐者及火车、轮船、飞机上的乘客等，他们是各类企业主体的服务对象的总和。

2. 处理与顾客关系的方法

顾客关系是企业打造竞争优势的重要战略资源。企业处理顾客关系的方法如图 4-3 所示。

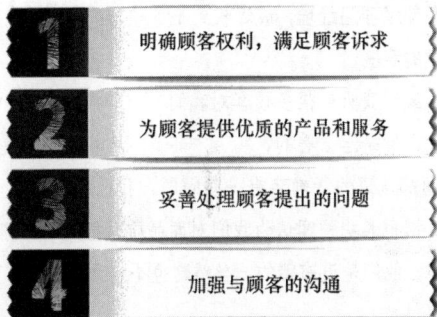

图 4-3　企业处理顾客关系的方法

（1）明确顾客权利，满足顾客诉求

企业应当尊重顾客的权利，并满足顾客的诉求。

（2）为顾客提供优质的产品和服务

产品和服务是企业满足顾客需求的载体，而服务又是产品价值的延伸。企业建立良好顾客关系的根本途径就是为顾客提供优质的产品和服务。"蓝色巨人" IBM 的经典格言是 "IBM 意味着服务"，这句话体现了 IBM 的理念精华，是 IBM 企业文化的核心。凭借 "尊重个人，给予顾客最好的服务和追求优异的工作表现" 的原则和信念，IBM 形成了特有的企业文化，成就了 "计算机帝国" 的伟业。

（3）妥善处理顾客提出的问题

企业在提供产品和服务的过程中，经常会遇到顾客的质疑、抱怨，甚至辱骂和投诉。在这种情况下，企业既不能无动于衷，听之任之，也不能激化矛盾，站在顾客的对立面，而应该迅速做出反应，妥善解决，争取顾客的谅解。"顾客至上" 是公共关系从业人员必须遵循的原则。

（4）加强与顾客的沟通

除日常业务交往外，企业加强与顾客的沟通，主要有以下方式。

① 口头或书面联系，包括面对面答复及电话回答询问，建立顾客热线，寄发公共关系手册、新产品介绍宣传单等。

② 内部刊物。企业通过定期或不定期地编发内部刊物，向顾客介绍企业发展情况，发布新产品，使顾客对企业有较为深入的了解。

③ 公共关系广告。企业通过加强形象宣传，吸引公众注意力，壮大顾客群体。

④ 开展顾客联谊活动，如进行社区服务、赞助公益事业等，以此来回馈社会、回报顾客。

情景模拟

要求：模拟扮演，进行角色对话。

百货公司的客户服务部经理温经理，最近收到不少顾客投诉。现在，他正在和他的一名下属小刘讨论解决这些问题的事宜。

"我把你叫来是因为最近我听到很多顾客对我们工作的抱怨，甚至有一些是从我们最忠实的顾客那里传来的。小刘，你是怎么看的？"

"我们从一个供应商那儿进的货确实有一些问题。我已经根据公司政策进行了合理的退换。从职员那里得来的反馈也表明顾客认为我们对商品质量把关不严。"

"从顾客的立场来想，他们是没有错的。当然这也不是我们的错。问题是，之后我们要做什么。"

"我已经联络采购部，他们也正在和供应商讨论相关事宜。"

"那还不够！既然我们已经听到那么多的不满，我们就必须立即把那些商品撤出货架，直到供应商确保其商品合格才能上架。"

"好的。我会和采购部经理商讨此事。这应该没有问题，不过要在空下来的货架上装满商品还得花一两天时间。"

"很好。我们必须积极主动地与购买了那些不合格商品的顾客取得联系，并给他们寄一张下次购物使用的优惠券。我们还必须取得和新顾客之间的情感联系，以确保他们对我们的客服工作满意。"

"我马上去办。"

精选案例

深入了解顾客需求

《华尔街日报》的一篇文章中有这样几句话："没有人比妈妈更了解你，可是，她知道你有多少条短裤吗？乔基公司知道。妈妈知道你往每杯水中放多少块冰吗？可口可乐公司知道。妈妈知道你在吃椒盐饼干时是先吃袋中的碎块，还是先吃整块吗？还是去问问弗里托·菜公司吧，它们知道。"从这几句话中我们可以看出，在市场竞争日益激烈的今天，谁最了解顾客，谁就能赢得顾客，谁就能更好地生存。

4.2.3 媒介公众

媒介公众是公共关系工作对象中最敏感、最重要的部分之一。媒介公众是告知企业新闻信息的主渠道，是社会信息流通过程中的"把关人"。良好的媒介关系可以形成对企业有利的舆论环境，建立良好的媒介关系是企业运用大众传播手段的前提。

1. 媒介公众的定义

媒介公众又称新闻界公众，是指刊载和发布各类信息的新闻传播机构（包括报社、杂志社、广播电台、电视台等传统媒体机构以及微博、微信等新兴媒体机构）以及新闻界人士（包括记者、编辑等）。

2.处理与媒介公众关系的方法

企业需借助媒介公众传递信息，提高企业的知名度，以营造有利于自身的舆论环境。在与媒介公众交往的过程中，企业一定要平等相待、以诚相待、以礼相待、相互配合，要讲究工作方法和工作技巧。企业处理媒介关系的方法如图4-4所示。

图4-4 企业处理媒介关系的方法

（1）重新审视、正确看待媒介公众

企业和媒介公众产生冲突的部分原因在于，双方都站在自己的立场上来看待对方。媒介公众具有很强的社会责任感，认为自己有责任将最真实、最全面的信息以最快的速度传递给公众，而有的企业不愿发布负面信息，因此双方可能发生冲突。对此，企业应首先了解媒介公众的观点，正确看待媒介公众。其实，在现代法治社会，媒介公众在监督社会方面起到了重要的作用。媒介公众的监督怀疑权利难免会与一些企业的某些利益发生冲突，企业应该通过尊重媒介公众合理的怀疑权利来缓和冲突。同时，适度的怀疑也可以使企业及时听到反对自己的声音，有利于企业及时消除危机。

（2）主动向媒介公众提供新闻素材

企业要善于发现自己内部具有新闻价值的事件，及时向媒介公众提供传播材料。企业要熟悉各类媒介公众的特点及受众情况，帮助媒介公众收集并向其提供新闻素材，主要包括企业的机构、经营方针、运作模式、生产技术、人事安排的重大变革，企业的开业庆典、纪念活动、公益活动，企业的新成果、先进人物、先进事迹，企业与社会知名人士的交往等。

（3）善于进行新闻策划

企业要善于进行新闻策划，放大新闻效应。新闻策划又称制造新闻，是指以企业内部发生的真实事件为基础，有计划地推动或挖掘事件的新闻价值，引起公众的注意，以获得新闻效应。新闻策划不是无中生有、凭空捏造、欺骗公众，而是通过对真实事件的新闻价值进行挖掘、放大和升华，推动企业良好形象的建立。

（4）加强与媒介公众的沟通与联系

企业应重点关注与媒介公众的沟通，经常与电视台等媒介公众联合举办各种活动，以提高企业在新闻报道中出现的频率。

（5）建立合理的媒介公众管理制度

企业内部应建立一套媒介公众管理制度，以便在面对各种状况时有章可循。首先，企业应成立专门的管理部门，把维护媒介关系列为日常工作内容，对媒介关系进行细水长流式的培养与维护，并由总经理主管该部门，以提高其执行效率。其次，企业可以设置专门的新闻发言人，由新闻发言人专门负责接受媒介公众的采访并发布新闻。最后，企业要真诚对待媒介公众，热情接受媒介公众的采访，一视同仁地对待前来采访的记者，安排专人陪同记者采访，随时了解其采访需求，及时满足其合理的要求。

4.2.4　政府公众

政府公众是所有传播沟通对象中最具权威性的公众。企业必须与政府各职能部门建立并保持良好的关系，争取政府的了解、信任与支持，为企业的生存与发展争取良好的政策环境、法律环境、行政支持，这是企业生存与发展的重要保障和条件。

1. 政府公众的定义

政府公众是指政府各行政机构及其工作人员。在政府与企业的管辖与被管辖的关系中，还存在管理者与被管理者、公共关系客体与主体的关系，以及相互了解、相互沟通的关系。

2. 处理好与政府公众关系的方法

企业要处理好同政府公众的关系，关键在于妥善处理国家整体利益同企业自身局部利益的关系，企业处理与政府公众的关系的方法如图4-5所示。

图4-5　企业处理与政府公众的关系的方法

（1）依法经营

依法经营是企业参与市场竞争的基本法则。企业作为一个独立的经济实体，从注册成立到发展壮大，始终需要严格遵守国家相关法律法规。

（2）发挥企业的优势作用，做好协助工作

实力超群的企业一般都拥有先进的管理运作经验、大量的优秀人才、雄厚的资金实力、多元的投资渠道、广阔的国内外市场，这些企业应与政府合作，让地方人民政府所拥有的大量待转化的社会资源很快被企业雄厚的实力"催化"，迅速转化为社会效益。企业还应发挥自身优势，在政府工作遇到困难时，主动援助，为政府排忧解难。

（3）加强与政府的双向沟通

企业要积极主动地与政府公众，尤其是企业的主管部门联系与沟通。这样才能建立和谐的政企关系，企业才能在这种和谐关系中拥有更大的发展空间。

（4）承担一定的社会责任

企业要承担一定的社会责任，以树立良好的企业形象。企业在开展社会责任意识教育活动的同时，应该将这种社会责任意识转化为实际行动。

除了上述几类公众以外，社区公众、股东公众、名流公众和国际公众也对企业的发展起着重要的作用，企业需要了解它们对自身发展的意义，并且熟练掌握维系良好公共关系的方法。

4.3　公众心理沟通

　　一个组织要树立良好的社会形象，除了要让人知其名，更重要的是要让人美其名。组织为获得美誉，做好公众的心理沟通工作是一个重要环节。

精选案例

梅兰芳巧用广告

　　20世纪30年代，梅兰芳先生初到上海，虽然他技艺高超，但要在上海一下子出名也难。

　　报纸为了生存，需要通过刊登广告来获得收入。可那时候的广告，多吹捧得过分，如介绍某产品时说有特别疗效，介绍演出时也说其"盖世""绝顶"，这样的广告在报纸上比比皆是。为了宣传梅兰芳，当时梅兰芳所在的戏班就想在报纸上打广告，但是这则广告要怎么刊登才能引起人们的注意呢？

　　经过一番筹划，他们决定在报纸上只印上3个字——梅兰芳，别的什么都不说。广告就这样登出去了。刊登的第一天就有人议论："梅兰芳是谁呀？"连登了几天之后，街头巷尾的人都在议论："您知道梅兰芳吗？"由于这则特殊的广告特别引人注目，梅兰芳这个名字很快就传遍了当时的上海。

　　就这样，梅兰芳的名声越来越响。一周后，报纸上刊登了一则详细的广告："梅兰芳——京剧名旦，今晚在上海某某戏院登台献艺。欢迎观看。"广告一出，戏票立即卖光了，大家都想去听听梅兰芳究竟唱得怎么样。从此，梅兰芳在上海一唱而红。

4.3.1　公众心理沟通的定义

　　公众心理，指在公共关系情境中，公众受组织行为和大众的影响所形成的心理现象和心理变化规律。公众心理沟通指公共关系从业人员凭借一定渠道（亦称媒介或通道），将信息发送给既定对象（即公众），并寻求反馈以达到相互理解的过程。

4.3.2　公众心理沟通的基本要素

　　公众心理沟通是一个互动的过程，沟通过程是由各种要素组成的一个信息的流动过程。发信者、接信者、信息、渠道、反馈和环境是公众心理沟通的6个基本要素，共同构成了整个沟通过程。公众心理沟通的基本要素如图4-6所示。

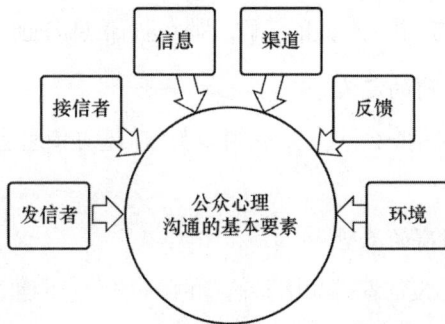

图4-6　公众心理沟通的基本要素

1. 发信者

发信者即公共关系从业人员，是信息的发送者，是沟通过程的主要要素之一。

2. 接信者

接信者是发信者的信息传递对象，即公众。接信者在接收信息的同时，会将新的信息注入其中，并且反馈给发信者。

3. 信息

信息就是发信者所发送的内容，由发信者要与接信者分享的思想和情感组成。

4. 渠道

渠道是信息经过的路线，是发信者发出信息以及接信者接收和反馈信息的手段。渠道的性质和特点，决定着发信者对媒介的选择。例如，在谈话中，如果以声波作为交流渠道，发信者选取的交流媒介就只能是具有"发声"功能的物体、材料和技术手段。渠道的主要任务是保证沟通双方传递的信息所经过的路线畅通。

5. 反馈

反馈是指接信者接收发信者发出的信息，经过消化吸收后，将产生的反应传达给发信者。例如，听到一个笑话，你发出笑声，这就是反馈。

6. 环境

环境是沟通产生的地方。公众心理沟通总是在特定的环境中进行。环境会对沟通产生重大影响。

4.3.3　公众心理沟通的障碍

有的组织美誉度低，并不是由于其产品或服务质量低，而是由于组织与公众之间存在着沟通障碍，致使公众对组织产生误解，从而形成对组织的不良印象。如果公共关系从业人员对于公众心理沟通的障碍有一定的了解，那么进行信息沟通时便不会遇到障碍。

1. 公众心理沟通障碍的定义

公众心理沟通障碍是指在公共关系活动中，导致信息在传递过程中传递失真或沟通停止的因素。

2. 公众心理沟通障碍的类型

公众心理沟通障碍有发信者的障碍、接信者的障碍和信息传递过程中的环境障碍3类，其形成的原因各不相同。

（1）发信者的障碍

发信者的障碍主要有以下几种类型。

① 目的不明，导致信息内容不确定。

公共关系从业人员在进行公众心理沟通之前要有一个明确的目的和清楚的概念，即"我要通过什么渠道、向公众传递什么信息、达到什么目的"，否则就会形成公众心理沟通障碍。

② 表达模糊，导致信息传递错误。

公共关系从业人员无论是做口头演讲还是书面报告，都要表达清楚，否则公众无法了解其所要传递的真实信息。

③ 选择失误，导致信息被误解的可能性增大。

对传递信息的时机把握不准，缺乏审时度势的能力，会大大降低信息交流的价值；沟通渠道选择失误，则会使信息传递受阻，或延误传递的时机；沟通对象选择失误，无疑会造成"对牛弹琴"或自讨没趣的局面，直接影响信息交流的效果。

④ 形式不当，导致信息失效。

公共关系从业人员使用语言符号即文字或口语和非语言符号（如手势、表情、体姿等）传递同样的信息时，一定要形式恰当，否则会使人摸不着头脑。

（2）接信者的障碍

接信者的障碍主要有以下几种类型。

① 过度加工，导致信息模糊或失真。

公众在信息交流过程中，有时会按照自己的主观意愿对信息进行"过滤"和"添加"，这可能导致信息模糊或失真。

② 知觉偏差，导致对信息的理解产生偏差。

公众的个人特征，如个性特点、认知水平、价值标准、权力地位、文化修养、智商情商等，将直接影响其对信息的正确认识。

③ 心理障碍，导致信息阻隔或中断。

公众由于在沟通或信息交流过程中曾受到伤害，或者有过不良的情感体验，对公共关系从业人员心存疑虑，怀有敌意，就会拒绝接收公共关系从业人员所传递的信息，甚至拒绝参与信息交流。

④ 思想差异，导致对信息的误解。

有的公众会误解公共关系从业人员的想法，从而引发冲突，导致信息交流中断以及人际关系破裂。

（3）信息传递过程中的环境障碍

信息传递过程中的环境障碍主要有以下几种类型。

① 时空距离的干扰。

研究表明，由于受生命周期和生物节律的影响，在不同的时间和空间条件下，人们的心理状态具有明显的差异，对信息的敏感程度和注意力的强弱也有所不同。在相对整洁、安静的环境中和一天的早晨，人们精力旺盛，大多会有一个好心情，并容易对接收的信息产生比较深刻的印象和记忆。相反，在混乱、嘈杂的环境中和临近傍晚身体疲惫时，人们往往比较紧张，容易对接收的信息产生排斥感。而且在同一时空条件下，各种干扰，如噪声、光线等，经常会打断沟通的进程。此外，如果各种不同的信息接连不断地出现，人们就会不知所措，很难将注意力集中在某一类信息上。

② 物质条件的限制。

公共关系从业人员的处理经验、公共关系从业人员的数量、公共关系的经费资产、系统平台的稳定性等因素都会影响公共关系活动的开展。

③ 沟通渠道的选择不合理。

扫一扫案例讲解视频

小燕子的信

例如，如果人们用口头传达的方式安排一个意义重大、内容庞杂的促销计划，将使实际效果大打折扣。在沟通过程中，组织如果能在报纸杂志、电视广告、热线电话、社交网站等渠道中选用恰当的沟通渠道，将为工作的顺利开展奠定扎实的基础。

精选案例

走样的命令传递

据传，一个部队命令是这样传达的。营长告诉值班军官："明晚 8 点左右，哈雷彗星可能会在附近出现。这种彗星每隔 76 年才能看见一次。命令所有士兵穿上野战服，在操场集合，我将给大家介绍这种罕见的天文现象。如果下雨，就在礼堂集合，我会给大家放一部有关彗星的影片。"值班军官告诉连长："根据营长的命令，明晚 8 点，哈雷彗星将在操场上空出现。如果下雨，就让士兵们穿上野战服，列队去礼堂，哈雷彗星将在那里出现。"连长告诉排长："明晚 8 点，营长将带着哈雷彗星去礼堂。这是每隔 76 年才能见到的事。如果下雨，营长还将命令哈雷彗星穿上野战服，到操场上去。"排长告诉士兵："如果明晚 8 点下雨，已经 76 岁的著名将军哈雷将在营长的陪同下，身着野战服，开着他的'彗星'牌汽车，经过操场前往礼堂。"

4.3.4 公众心理沟通障碍的克服

要克服公众心理沟通障碍，就要树立正确的沟通理念及运用有效的沟通技巧。

1. 发信者障碍的克服

要克服这类障碍，公共关系从业人员要做到以下几点。

（1）了解公众

公共关系从业人员在沟通之前要弄清几个问题：公众对沟通的主题知道多少？公众的背景如何？有过哪些经验？

（2）选择恰当的传递方式

沟通应该是双向交流，要做到双向交流，就应该使用对方听得懂的语言。根据公众的不同，公共关系从业人员应调整表达的难度、风格和语气，以适应公众的需要。以自己惯用的方式、语气发言也许可以给公众留下深刻印象，但是这种行为充其量是单向表达自我，绝非双向交流。

（3）传递完整的信息

作为传递信息的一方，公共关系从业人员有必要知道自己正在说什么。如果在说话或写报告时留下一些空白，没有把信息完整地呈现出来，公众很可能会迅速以自己的假设、成见、理解把空白填满。

（4）考虑公众的观点和立场

发信者必须具有同理心，能够感同身受、换位思考，站在公众的立场，以公众的观点和视野来考虑问题。若有公众拒绝接受公共关系从业人员的观点与意见，那么公共关系从业人员必须耐心、持续地做工作来改变公众的想法，甚至要反思自己的观点是否正确。

（5）充分利用反馈机制

进行沟通时，公共关系从业人员要避免出现"只传递而没有反馈"的状况。反馈包括提问、倾听、观察、感受等方式。

2. 接信者障碍的克服

要克服这类障碍，公众要做到以下几点：一是以客观公正的态度倾听和接收信息，二是专心倾听，三是重视发信者的沟通信息，四是及时对接收到的信息进行反馈。

3. 信息传递过程中环境障碍的克服

信息传递过程中环境障碍的克服要关注以下几点：一是避免时空因素影响公共关系传播效果；二是做好准备，避免受到公共关系活动经费额度等物质条件的限制；三是根据实际情况和公共关系工作的具体要求慎重选择沟通渠道。

4.3.5 认识及影响公众心理的方法

有效认识公众心理是组织成功实施公共关系计划或公共关系策划的重要前提和基础。熟练掌握认识及影响公众心理的方法，是公共关系从业人员应该具备的专业技能。

1. 认识公众心理的方法

认识公众心理常用的方法有观察法、实验法、心理换位法、参与实践法和调查研究法等，如图4-7所示。

图4-7 认识公众心理的方法

（1）观察法

观察法是指在自然条件下有目的、有计划地对所要了解的研究对象进行仔细观察，从而获得初步认识，为进一步研究提供直观、生动和具体的一手资料的一种方法。

（2）实验法

实验法是有目的地严格控制或创造一定的条件，引发某种心理现象，以供研究者进行研究的方法。

（3）心理换位法

心理换位法是通过"设身处地"的角色换位来了解、分析公众心理的方法，即在研究时把自己放在一定的背景、环境中去体会研究对象的心情，而后据此加以分析，推断研究对象的处境和心情。

（4）参与实践法

参与实践法是指研究人员直接进入某一需要研究的对象环境，充当该环境下的某个角色，从而细致且全面地体验、了解和分析研究对象的情况的方法。

（5）调查研究法

调查研究法即通过一定的形式和各种途径，直接或间接地收集有关信息，比较充分地掌握客观实际材料，并在此基础上进行深入的分析，从而获得对客观事物的某些规律性认识，用以指导各种实践活动的一种方法。

精选案例

换位思考的魅力

某专家是世界著名的成功学专家。有一年，他需要聘请一位秘书，于是在报纸上登载了一则广告，结果应聘的信件如雪花般飞来。但这些信件如出一辙，如他们的第一句话几乎是一样的："我看到您在报纸上刊登的招聘秘书的广告，我希望可以应聘这个职位，我今年××岁，毕业于××学校，如果能有幸被您选中，我一定就兢兢业业地工作。"该专家对此很失望，正琢磨着是否放弃这次招聘计划时，一封信件姗姗来迟。这封信件让他惊喜不已，他认定秘书职位非她莫属。她的信是这样写的："敬启者：您所刊登的广告一定会引来成百封乃至上千封求职信，而我相信您的工作一定特别繁忙，根本没有足够的时间来认真阅读。因此，您只需拨打这个电话，我很乐意过来帮助您整理信件，以节省您宝贵的时间。您丝毫不必怀疑我的工作能力与质量，因为我已经有15年的秘书工作经验。"

后来，该专家说："如果懂得换位思考，能真正站在他人的立场上看待问题、考虑问题，并切实帮助他人解决问题，那么这个世界就是你的。"

2. 影响公众心理的方法

正确认识公众心理是为了影响公众心理，影响公众心理的方法有以下几种。

（1）劝导

劝导就是鼓励引导、规劝开导。它是主动影响公众心理的最主要、最直接的方法。

（2）心理暗示

心理暗示是指人们接受外界或他人的愿望、观念、情绪、判断、态度影响的心理特点，是日常生活中最常见的心理现象。它是人或环境以非常自然的方式向个体发出信息，个体无意中接受这种信息，从而做出相应的反应的一种心理现象。心理学家巴甫洛夫认为：暗示是人类最简单、最典型的条件反射。从心理机制上讲，它是一种被主观意愿肯定的假设，不一定有根据，但由于主观上已肯定了它的存在，心理上便竭力趋近这项内容。我们在生活中无时无刻不在接受着外界的暗示。例如，电视广告对购物心理有极大的暗示作用。在无意识中，广告信息会进入人们的潜意识。这些信息反复播放，便在人们的潜意识中积累。当购物时，人们的意识就会受到潜意识中的这些广告信息的影响，它们会左右人们的购买倾向。

人们为了追求成功和逃避痛苦，会不自觉地使用各种暗示的方法。当面临困难时，人们会相互安慰"快过去了，快过去了"，从而减少忍受的痛苦。人们在追求成功时，会设想目标实现时非常美好、激动人心的情景。这个情景就会对人们构成一种暗示，它为人们提供动力，增强人们的挫折耐受能力，使人们保持积极向上的精神状态。

心理暗示的作用可以是积极的，也可能是消极的。积极的心理暗示可帮助被暗示者稳定情绪、树立自信心并赋予被暗示者战胜困难和挫折的勇气，消极的心理暗示会对被暗示者造成不良的影响。因此，公共关系从业人员应该有意识地给公众以积极的心理暗示，避免消极的心理暗示，同时应该注意引导公众将消极的心理暗示变为积极的心理暗示。

例如，公共关系从业人员在组织公共关系活动时，如果需要调整公众的心态，就要引导其从"我心里没底，我恐怕要搞砸"的心理状态转变为"别人行，我也行"的心理状态。

在他人暗示中，暗示的效果很大程度上取决于暗示者在被暗示者心目中的威望。这就要求暗示者具有较高的威望，具有令人信服的人格力量。另外，暗示越含蓄，效果越好。因此，在公共关系活动中尽量不要以命令的方式提出要求，若能用含蓄巧妙的方法去引导，会获得更好的效果。

练一练

心理暗示可以分为他人暗示和自我暗示两类。他人暗示是指个体在与他人交往中产生的一种心理现象，即他人对个体的情绪和意志发生作用，如曹操巧妙地运用"望梅止渴"的暗示来鼓舞士气。自我暗示是指个体自己接受了某种观念，然后对自己的心理施加某种影响，从而使情绪与意志发生变化。

例如，很多人在出门上班或办事前会照镜子、整理衣服和头发。有的人从镜子里看到自己脸色不太好，并且觉得眼睛浮肿，恰巧昨晚睡眠又不好，这时可能马上会有不快的感觉，并且怀疑自己得病了，继而觉得自己全身无力、腰痛，于是觉得自己不能上班了，甚至要马上就医。这就是对健康不利的消极的自我暗示。而有的人则不是这样。当从镜子里看到自己脸色不好，由于睡眠不好有些精神不振、眼圈发黑时，他们会马上控制自己的紧张情绪，并且暗示自己：到户外活动，做操、练太极拳，呼吸一下新鲜空气就会好的。然后他们振作起来，高高兴兴地上班去了。这种积极的自我暗示有利于身心健康。

请你试着做个练习，给自己积极的自我暗示。

（3）榜样影响

所谓榜样影响，是指组织在开展公共关系活动时，通过典型人物和事件来影响公众心理，争取公众与组织的良好合作，从而达成公共关系目标。榜样有其具体的形象特色，易于让公众接受和仿效，能够增强组织对公众的感召力并起到正面激励作用。

榜样影响的公众心理基础是模仿。在一些情景中，个体想要以某种方式行动，但内心有些束缚，阻止其这样做。接着，他看到群体中有人以他想要采取的方式行动了，于是他便跟着以这种方式行动。观察学习和模仿行动减少了阻止个体以某种方式行动的内心限制，解除了这些限制对个体行为的约束。模仿就是个体自觉或不自觉地模仿榜样的行为。模仿也是一种基本的人际影响方式。在社会生活中，从衣食住行到社会风俗、习惯、礼仪，个体从小到大普遍存在着模仿行为。亚里士多德指出，模仿是人的一种本能。近代心理学家麦独孤认为，人类有一种天然的冲动去模仿其他人的行为。

📣 课堂讨论

榜样影响在公共关系实践中有着极为广泛的应用，请你结合自己在现实生活中的感受，谈谈它有什么作用。

📖 项目小结

本项目介绍了公众的定义、特点及类型，基本目标公众分析，还介绍了公众心理沟通的定义、基本要素、障碍及克服，认识及影响公众心理的方法，主要包括以下几点。

（1）公众是公共关系学中的一个基本概念，是指与公共关系主体面临某种共同问题，享受共同利益的社会群体或个人。是公共关系工作对象的总称。公众的特点有：①整体性；②相关性；③主次性；④层次性；⑤动态性等。

（2）具体分析基本目标公众，我们会更加深入地认识公众这个概念。以企业为例，其基本目标公众包括员工公众、顾客公众、媒介公众、政府公众等。我们应了解如何处理好企业与以上公众之间的关系。

（3）公众心理沟通指公共关系从业人员凭借一定渠道（亦称媒介或通道），将信息发送给既定对象（即公众），并寻求反馈以达到相互理解的过程。

（4）公众心理沟通的6个基本要素：①发信者；②接信者；③信息；④渠道；⑤反馈；⑥环境。公众心理沟通的障碍包括：①发信者的障碍；②接信者的障碍；③信息传递过程中环境的障碍。为此，公共关系从业人员要树立正确的沟通理念并运用有效的沟通技巧。

（5）认识公众心理的方法：①观察法；②实验法；③心理换位法；④参与实践法；⑤调查研究法。影响公众心理的方法：①劝导；②心理暗示；③榜样影响。

📖 项目练习题

一、多项选择题

1. 公共关系不可被称为（　　）。

A. 群众关系　　　　B. 受众关系　　　　C. 公众关系　　　　D. 人群关系

2. （　　）属于企业的外部公众。
　　A. 消费者　　　　　B. 记者　　　　　　C. 内部员工　　　　D. 社区居民
3. 既不是内部公共关系工作的对象，也不是外部公共关系工作的主体有（　　）。
　　A. 顾客公众　　　　B. 员工公众　　　　C. 媒介公众　　　　D. 政府公众
4. （　　）以及反馈和环境是公众心理沟通的基本要素。
　　A. 发信者　　　　　B. 接信者　　　　　C. 信息　　　　　　D. 渠道
5. 认识公众心理常用的方法包括（　　）。
　　A. 观察法　　　　　B. 参与实践法　　　C. 实验法　　　　　D. 心理换位法

二、判断题

1. 公众是公共关系工作的客体，它包括特定组织相关的内部公众和外部公众。（　　）

2. 媒介关系也称新闻界关系，是指组织与新闻传播机构的关系。（　　）

3. 潜在公众是对组织持中间态度或态度不明的公众。（　　）

4. 行动公众的形成时期是开展公共关系工作的重点。（　　）

5. 政府公众主要是指政府官员。（　　）

6. 公共关系决策和行动均以公众的利益为前提。（　　）

7. 对复杂多样的公众进行必要的分类，把握其内在的规律是每个公共关系部门的一项重要工作，也是公共关系从业人员必须掌握的基本功。（　　）

8. 公众与组织之间不一定存在着相互影响和相互作用的关系。（　　）

9. 政府公众是公共关系工作中最敏感、最重要的部分。（　　）

10. 制造新闻指专门为了吸引新闻媒体报道而有计划地、主动地策划新闻事件。（　　）

11. 根据公众的不同，公共关系从业人员应调整表达的难度、风格和语气，以适应公众的需要。（　　）

12. 若有公众拒绝接受公共关系从业人员的观点与意见，那么公共关系从业人员必须耐心、持续地做工作来改变公众的想法，但不必反思自己的观点是否正确。（　　）

三、名词解释题

非公众　首要公众　员工公众　公众心理沟通　心理换位法

四、问答题

1. 如何正确地理解"公众"这个概念？
2. 联系实际，思考各种不同的公众分类方法的作用和意义。
3. 公共关系学所讲的顾客关系与市场销售中的顾客关系有何不同？
4. 如何理解媒介关系是传播性质最强的一种关系？
5. 为什么说建立良好的政府关系是组织生存与发展的重要保障和条件？
6. 联系实际，列举某组织的目标公众，并运用2~3种公众分类方法对其进行分析。
7. 你认为对公众心理沟通障碍的认识有助于提高公共关系从业人员的沟通水平吗？试举例说明。

8. 认识公众心理的方法有哪些?

9.试述影响公众心理的方法并分析其利弊。

五、案例分析题

小华盛顿栈的"读心术"

美国的一家餐馆小华盛顿栈（The Inn at Little Washington）总是费尽心思地去揣摩连客人自己都未察觉的细微心情。

小华盛顿栈非常有名，著名的美食评论杂志 *Zagat* 曾把它评为全美第一。它的主厨欧康诺为了让客人有一次毕生难忘的用餐体验，发明了一套独特的管理方法，叫作心情分数（Measure of Mood）。具体来说就是，小华盛顿栈的服务人员在每一桌客人坐定准备点菜后，必须观察该桌的气氛，打出 1~10 分的心情分数。这个分数会随着菜单一起被输入计算机，显示在餐厅中每一个工作站的屏幕上。小华盛顿栈的目标是让客人离开时的心情分数不低于 9 分。如果这一桌的气氛本来就比较活跃，那么服务人员也就不需要采取特别的行动。但是如果某一桌客人的心情分数只有 3~4 分，那么整个服务团队就得同心协力来扭转这个局面。

这些努力常常体现在细微处。例如，如果客人在两道菜中难以抉择，那么厨房会把客人没点的另一道菜做成小份，让顾客尝一下味道。在与客人的互动中，服务人员会重新确定并输入新的心情分数。如果客人的心情分数还是只有 5 分，则餐馆可能会加送一道菜；如果提升到 7 分，则可能会加送一道甜点；如果到最后仍然无法辨别客人的心情分数是否升到了 9 分，主厨欧康诺就会使用最后一招：邀请客人参观厨房，说明大概的工作流程和他对厨艺的一些看法。往往此时，很少再有客人会有低于 9 分的心情分数。为了提升心情分数，整个服务团队都必须随时准备"危机总动员"。

1. 小华盛顿栈对顾客消费心理的判断有何独到之处?

2. 小华盛顿栈的服务人员通过敏锐的观察来避免各种危机，请谈谈你阅读该案例后对洞悉顾客心理重要性的认识。

📖 **项目实训** ═══════════════════════

项目实训一：不因服饰区别对待公众

1. 实训目的

了解及掌握公众分类的知识，学会认识及影响公众心理的方法。

2. 背景材料

某街区有一家颇受欢迎的时装店，记者小王打算在店里买一套时装作为生日礼物送给女友阿玲。一天，小王路过时装店时看见同事惠娟和叶子在店里买时装，就想进店询问两位同事一些事。但门口保安不准小王入内，原因是认为小王有"不轨"企图。小王越解释，保安越觉得他有"不轨"企图。双方争执不下，引来许多人围观，直至公共关系部经理出面调解。

3. 提出问题

（1）材料中的人物多数属于顾客公众，请将下列人物的名字与其所属公众类型连线。

非公众　　　　慧娟和叶子

潜在公众　　　小王的母亲

知晓公众　　　阿玲

行动公众　　　小王

（2）如果你是公共关系部经理，在出面调解时你将采取怎样的公共关系措施？

（3）如果你是小王，若公共关系部经理未出面或调解结果令你不满意，你会采取什么行动？

（4）如果你是公共关系部经理，你将怎样让小王和其他人由逆意公众转为顺意公众，以及时挽救时装店的声誉，树立良好的形象？

4. 讨论步骤

（1）教师确定讨论题目，学生进行分组讨论。

（2）小组选出代表在班级交流、发言。

（3）教师根据学生讨论发言情况进行总结。

项目实训二：公共关系从业人员心理沟通情景模拟训练

1. 实训目的

（1）理解组织与公众心理沟通的重要性，认识公共关系从业人员的独特作用。

（2）培养排除公众心理沟通障碍的公共关系心理沟通能力。

2. 背景材料

北京一家服装厂位于某大学校园旁，它的生产车间与大学教学科研人员的住宅区隔墙相望。有一段时间，这家工厂为缓解工人的工作疲劳，在每天的9：00~10：00，就在车间内播放流行音乐。可是这段时间正是教学科研人员从事研究的"黄金时间"，"震耳欲聋"的流行音乐引起了他们的不满和愤怒，他们多次与厂方交涉，但始终没有结果。无奈，他们不得不向报社投稿，呼吁社会舆论的支持及政府的干预。

问题：假如你是服装厂的公共关系部主任，请你进行公共关系心理沟通设计，解决大学教学科研人员与服装厂的矛盾。

3. 实训设计

（1）将全班学生分为每5~7人一组的小组，每个小组对此案例进行讨论。

（2）自行设计、分配角色，每个小组上台展示实现良好沟通的做法。

（3）分小组总结、讲评，评选出最佳公共关系从业人员。

（4）评分标准：学生互评占40%，教师评分占60%。

模块 4
公共关系中介

学习提示:

此模块介绍组织与公众之间开展信息沟通不可或缺的中介——传播。了解公共关系传播的定义、特点、模式、基本要素和工具,以及网络公共关系传播的内容。这些内容是进行科学、有效的公共关系传播活动的基础,也是公共关系从业人员必须掌握的基本知识。

项目5　公共关系传播与网络公共关系

【学习目标】

（1）知识目标：了解常用公共关系传播的模式，熟悉网络公共关系的定义。

（2）技能目标：掌握选择公共关系传播工具的技能，熟练运用网络公共关系传播的手段。

（3）素质目标：关注公共关系传播的发展特点及趋势，培养自觉利用传播影响公众的意识。

引　例

白象方便面为什么突然火了

2022年"3·15晚会"上，"土坑酸菜"乱象曝光。白象食品的微博回复如图5-1所示。由此，网友们对白象产生了兴趣，哪知道关注越多，越发现白象有许多"亮点"，如白象坚持做民族品牌，河南暴雨灾害发生后，总部位于郑州的白象虽然受到了严重影响，但还是捐了500万元给灾区；白象的产品质量很有保证，食品安全信息显示，该公司产品被抽检60多次，结果均为合格；其投资公司及分公司等也涉及近300次抽检，结果均为合格；此外，白象1/3的员工是残疾人的消息也冲上热搜榜。

在这期间，白象方便面卖断了货。白象及时在线上商店贴出公告称，白象全国各地工厂启动紧急预案全力生产，争取以最快的速度发货；并在其短视频账号中表示，希望消费者理性消费，"吃多少，买多少，不要浪费"。此语推心置腹、将心比心，站在消费者角度思考问题。

白象方便面为什么突然火了？答案显而易见：质量有保证，默默为社会做贡献。在此基础上，白象主动的网络公共关系工作使其收获了一波又一波认同，相当于做了一场又一场免费营销，取得了良好的公共关系传播效果。

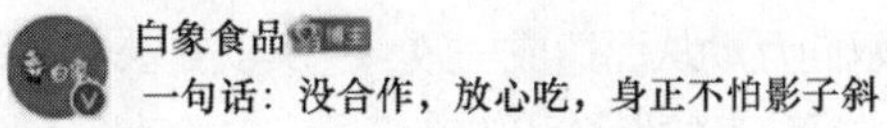

白象食品
一句话：没合作，放心吃，身正不怕影子斜

图5-1　白象食品的微博回复

公共关系传播是组织将公共关系信息通过某种方式传递至公众的过程。传播作为公共关系的构成要素之一，是组织和公众之间相互联系的纽带和桥梁。一个组织不仅要有明确的目标、符合公众利益的政策和措施，还要充分利用传播手段开展公共关系活动，这样才能赢得公众的好感和舆论的支持，获得良好的社会效益和经济效益。本项目将介绍公共关系传播与网络公共关系的相关知识。

5.1 公共关系传播

在传播媒介高度发达的社会环境下，组织营造良好公共关系的必要条件是深入了解公共关系传播，并能够灵活地调动传播媒介的力量进行公共关系传播。

5.1.1 公共关系传播的定义

现代意义上的传播学产生于20世纪30年代的美国，20世纪40年代从美国传至欧洲，后来传到日本，20世纪70年代末传入中国。传播一词译自英文Communication。目前，关于传播的定义有200多种。从公共关系的角度来说，传播有其特定的载体和途径，是一种有计划地与公众进行信息交流和沟通的活动。

公共关系传播是组织通过报纸、广播、电视和网络等大众传播媒介，辅以人际传播的手段，向其内部及外部公众传递有关组织各方面信息的过程。

这一定义包括3个方面的内容：第一，公共关系传播的主体是组织，不是专门的信息传播机构；第二，公共关系传播的客体由两部分组成，一部分是组织内部公众，另一部分是组织外部公众；第三，公共关系传播以大众传播媒介为主要手段，以人际传播为辅助手段。

5.1.2 公共关系传播的特点

公共关系传播相比于其他种类的传播，其特点具体体现在4个方面。

1. 双向互动传播

传播者与传播对象双向互动从而达成一致，这其实是公共关系传播期望达到的目标。公共关系传播不是一方进行信息的发送和传输，另一方被动地接收信息，而是传播者（组织）与传播对象（公众）之间通过双向互动构成并加速信息的环流。这种双向互动的交流在公共关系中起着重要的中介作用。

2. 影响对象广泛

一般而言，狭义的促销所针对的目标，往往是既定的消费群体或者目标受众。而公共关系的对象则要宽泛得多，不仅有一般促销所针对的目标受众，而且还包括目标受众之外的其他关联群体。例如，政府或者社会调节部门，这些机构虽然并不是企业产品的目标受众，但是它们却对企业的目标受众具有一定的影响；企业内部员工，他们会对企业形象等方面产生影响进而间接地影响产品和品牌；媒体，企业和媒体之间的关系会直接影响大众传播手段的效果；等等。

3. 影响途径隐蔽

通常，作为商业手段的各种营销沟通形式，在运作过程中往往表现得比较直接，可以看作利益和目标都十分明确的促销手段。相对而言，公共关系的沟通则比较隐蔽，它通常利用人际关系或者媒体宣传达到效果。很多受众对于纯粹的广告和促销往往抱有一种抵触和怀疑情绪，大多数情况下都会采取毫不理会和干脆回避的态度。相对而言，公共关系活动实施之后，商业气息被掩盖了，以至于很多受众认为这些信息来自媒体而不是来自某一家公司，所以他们更愿意相信这些信息。

4. 投资成本较低

公共关系传播的相对成本和绝对成本都远远低于广告和其他促销形式，如果再将投资效益考虑进来则更是如此。商业促销形式则明确地建立在媒体购买和促销投资形式之上，不论是什么样的商业促销形式，都包含着明确的投资倾向。正因为这种投资形式的不同，一种广告可以根据需要不断重复，但是公共关系传播则无法多次重复，因此在传达率上就很难得到保证。这也决定了商业促销形式在促销信息的传达方面，往往比公共关系传播更加精确、更加及时。

5.1.3　公共关系传播的模式和基本要素

1. 公共关系传播的模式

模式，是事件的内在机制以及事件之间关系的直观的、简化的呈现形式。模式有助于直接地表述或构成理论。传播模式分析，就是把传播过程分解为若干组成部分，以显示各组成部分在传播的全过程中所起的作用。

公共关系传播的模式可分为两大类：一类是单向传播模式，亦称线性传播模式，其特点是将公共关系传播过程看作单向的机械传播过程；另一类是双向传播模式，该模式认为传播过程不仅要给接收者传递信息，而且要把接收者的反馈信息传递给传播者，使传播者能够及时调整传播行为。1948年，美国著名的政治学家哈罗德·拉斯韦尔在其代表作《社会传播的结构与功能》中提出了传播过程的5个要素，形成"5W模式"，即谁传播（Who）、传播什么（Says What）、通过什么渠道（in Which Channel）、向谁传播（to Whom）、效果怎样（with What Effects），如图5-2所示。

图 5-2　5W 模式

5W 模式描述的虽然是单向传播模式，却为我们提供了一个分析传播过程的简易模式。这 5 个 "W"，是任何传播过程必须具备的。20 世纪 20 年代以来，西方传播学研究中出现了反映不同观点和采用不同方法的多种公共关系传播模式，但没有一个被普遍接受。早期多认可单向传播模式，20 世纪 50 年代以后人们普遍反对该模式，转而承认美国学者施拉姆提出的新型的控制论传播模式，该模式强调传播是双向循环的过程。公共关系传播模式应是双向传播模式，如图 5-3 所示。

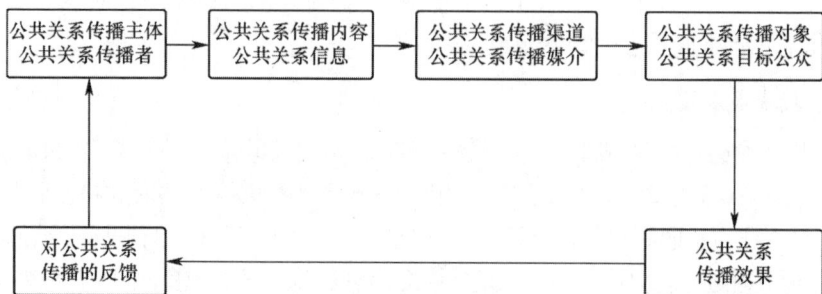

图 5-3　公共关系传播模式

在双向传播模式中，传播主体是公共关系传播者；传播内容是公共关系信息；传播渠道是公共关系传播媒介；传播对象是组织所面对的公共关系目标公众；公共关系传播者根据反馈的信息，不断调整、修改下一步的传播计划，目的是树立良好的组织形象。图 5-3 中包括了公共关系传播过程的要素并揭示了传播要素之间最基本的顺序关系和因果关系。在公共关系传播过程中，任何一个要素的缺失，都会影响传播过程的完整性，使传播过程或者不发生，或者传播渠道受阻，达不到传播效果。

2. 公共关系传播的基本要素

公共关系传播的基本要素有 5 个，即公共关系传播主体、公共关系传播内容、公共关系传播渠道、公共关系传播对象和公共关系传播效果。

（1）公共关系传播主体

公共关系传播主体是组织信息的采集者、发布者，是代表组织行使公共关系传播职能的人。在政治组织中，该角色一般由党和国家的新闻发布机构、新闻发言人以及各级新闻、宣传部门担任。在各种非营利性组织和营利性组织中，该角色由组织内部的宣传部门、公共关系部门或宣传人员、公共关系从业人员担任。公共关系传播主体的任务是将外部的信息传达给组织内部公众，并将有关组织的信息发布出去，传递给目标公众。

（2）公共关系传播内容

公共关系传播内容是指公共关系传播主体发出的有关组织的所有公共关系信息。它可以分为两类：一类是告知性内容，即向公众介绍有关组织的情况，包括组织的目标、宗旨、方针、经营思想、产品和服务质量等；另一类是劝导性内容，即号召公众响应一项决议，呼吁公众参与一项社会公益活动，或者劝说公众购买某品牌产品。在利用大众传播媒介进行宣传的过程中，党和政府及其他非营利性组织发布的劝导性内容，往往以社论、评论、倡议书的形式出现；而营利性组织发布的此类内容，则多以商业广告的形式出现。

（3）公共关系传播渠道

公共关系传播渠道，也称公共关系媒介或工具，是组织用来传递与获取公共关系信息的载体或技术手段。可供公共关系从业人员利用的传播渠道有两种：一种是人际传播媒介，另一种是大众传播媒介。报纸、杂志、广播、电视、网络等大众传播媒介与公众接触面广、传播信息的效果好、影响力大，是公共关系传播的主要渠道。如今，大众传播媒介日新月异，更新发展速度非常快。

（4）公共关系传播对象

公共关系传播对象指公共关系目标公众，是指那些与组织有着某种利益关系的特定公众。它们是大众传播受传者中的一部分，是组织意欲影响的重点对象。

（5）公共关系传播效果

公共关系传播效果是指目标公众对公共关系信息传播的反应，也是公共关系从业人员对目标公众的影响程度。公共关系从业人员可以通过各种调查手段（如观察、访问、文献分析、抽样调查等）了解目标公众对信息的接受程度，以实现"知己知彼，百战不殆"。此外，在信息传播过程中，组织还要重视专家、学者、社会名流等意见领袖的作用，设法通过他们影响公众。

想一想

内格罗蓬特为美国麻省理工学院的教授及媒体实验室的创办人，同时也是《连线》杂志的专栏作家，他在《数字化生存》中曾指出：大众传媒应该被重新定义为"发送和接收个人化信息和娱乐的系统"。网络技术带来的优势使受众可以从容地利用各种检索工具在各类数据库中"各取所需"，受众还可以自由地选择信息接收的时间、地点以及信息的表现形式；与此同时，处于互联网另一端的传播者也可使用一种"信息推送技术"，根据受众的需求为其推送专门化的信息。信息的传播在网络中显得个性张扬、特色鲜明。

你对网络传播的个人化特点是怎么看待的，其利弊何在？

5.1.4 公共关系传播的工具

传播工具是传递以新闻为主的信息的载体，是报纸、通讯社、广播、电视、新闻纪录影片、新闻性期刊和互联网等的总称。西方将其称为新闻媒介（News Media）或大众传播媒介（Mass Media）。

人类信息传播活动经历了变迁。在传播工具问世以前，信息的传递是通过口口相传、打手势、做标记、放烟火等方式进行的，这些都会受到时间和空间的限制。传播工具出现后，传播才成为有广泛社会影响的活动，传播工具是人类社会物质生产和精神交往的产物。随着社会生产力的发展、科学技术的进步，传播方式不断变化，传播速度越来越快，传播范围越来越广，传播效果也越来越好。

公共关系活动的过程，主要是组织与公众交流、沟通的过程。组织如果不重视现代传播，不能对最常用的公共关系传播媒介与沟通管理有系统的认识并熟练地掌握，就很难开展公共关系活动。

公共关系活动中最常运用的传播工具有报纸、杂志、广播、电视和互联网。传统媒体与网络媒体各有优势，二者之间应加强合作，如新闻网站有偿使用传统媒体提供的新闻信息。在公共关系传播方面，组织应博采众长，充分发挥各种传播工具的作用，这是未来的发展趋势。

> ✒ **课堂讨论**
>
> 听广播无须用眼睛，我们在身心疲劳时，可以闭着眼睛听、躺着听。此外，听广播还可以知晓天下事，可以陶冶情操、增长见识等。随着人们生活水平的日益提高，私家车进入越来越多的家庭，对于"有车族"来说，广播更是他们的好伙伴，使他们可以一边驾驶一边听节目，随时了解路况及其他信息。
>
> 根据你的生活经验，说说与其他媒体相比，利用广播传播信息还有什么优势。

5.2 网络公共关系

网络的迅速普及与应用，为组织形象的塑造创造了便利条件，组织通过网络公共关系抓住了形象塑造的主动权。增强网络公共关系意识，采取多种网络公共关系工作方式，充分发挥网络的作用，是进一步提升组织知名度和美誉度的有效途径，也是组织获得良好经济效益的重要前提。

5.2.1　网络公共关系的定义

网络公共关系（Public Relation on Line）又叫线上公共关系或 e 公共关系，是指组织借助互联网，通过收集信息和传播沟通，在电子空间与公众互动交流、协调关系，以达到塑造良好组织形象的目的。

随着互联网的飞速发展，公共关系也从现实世界步入了网络空间。许多国际知名企业对网络公共关系进行了探索和实践。我国组织自身的公共关系网站更是如雨后春笋般发展起来，1998 年创办的中国公关网，承担着我国公共关系行业的资讯发布、专业普及、职业教育、学术交流和资源整合等职能。公共关系行业和社会组织有了自己的门户网站和宣传平台，可以用更快的速度进行国内外信息的交流。网络公共关系利用互联网手段塑造组织形象，为现代公共关系提供了新的策划思路和传播媒介。

5.2.2　网络公共关系传播手段分类

网络公共关系的传播工具包括万维网、电子邮件、聊天系统、论坛等，它们在信息传播过程中的属性各有不同，在组织网络公共关系中的功能也不同。目前组织使用的网络公共关系传播手段主要有以下几类。

1. 信息获取类

信息获取类传播手段主要有以下几种。

（1）网络新闻

网络新闻是以网络为载体的新闻，它在视、听、感方面给公众全新的体验。新闻具有快速、多面化、多渠道、多媒体、互动性强等特点。网络新闻将无序的新闻进行有序的整合，大大压缩了信息的厚度，让公众在较短的时间内获得有用的新闻信息。网络新闻的发布途径主要有以下几个。

① 通过新闻网站进行日常内容推送。

② 设置网络新闻发言人，召开网络新闻发布会。

③ 开通官方微博，以实名认证的方式保证信息发布的及时性与权威性。

④ 借助微信公众平台，以订阅号和服务号的方式发布信息。

（2）网站建设

网站建设是指使用标识语言，通过一系列的设计、建模和执行，将电子格式的信息通过互联网传输，最终以图形用户界面的形式被用户浏览。组织常将网站作为传播平台，网站是组织实体在网络上的投射，是组织实体在网络中的展示门户，且组织形象的网络展示主要是通过组织的官方网站来实现的，官方网站可称为组织的第二门户，也是组织最重要、最权威的消息发布平台。同时，官方网站可以提供电子邮箱地址等反馈渠道，也可加入专门设计的信息调查表，以使组织及时获得相关公众的反馈信息，所以公共关系从业人员应十分重视网站建设。通过网站建设传播信息的方法有以下几种。

① 网页设计。

网页设计是指组织根据希望向公众传递的信息（包括产品、服务、理念、文化）进行网站功能策划，再进行页面美化工作。精美的网页设计对于提升组织的互联网品牌形象至关重要。

网页设计一般分为 3 个大类：功能型网页设计、形象型网页设计、信息型网页设计。网页设计的工作目标是通过使用合理的颜色、字体、图片进行页面美化，在功能限定的情况下，尽可能给予用户完美的视觉体验。高级的网页设计甚至会考虑通过声光、交互等给用户带来更好的视听感受。

② 网站推广。

网站推广就是以互联网为基础，借助网络媒体的交互性来辅助实现营销目标的一种新型的市场营销方式。网站推广包括在论坛、微博、微信、QQ 空间等平台发布信息，在其他热门平台发布网站外部链接等。

网站推广具有交互性、个性化、成长性、整合性、超前性、高效性、经济性、技术性、时效性、持久性、聚点性、扩散性等特点。

③ 搜索引擎最佳化。

搜索引擎是指运用特定的计算机程序在互联网上搜集信息，在对信息进行组织和处理后，为用户提供检索服务，并将用户检索到的相关信息展示给用户的系统。

搜索引擎最佳化，又称为搜索引擎优化，是近年来较为流行的网络公共关系传播方式，其主要目的是提高特定关键词的曝光率，以提高网站的曝光度，增强传播效果。

搜索引擎是网站建设中针对"用户使用网站的便利性"所提供的必要功能，同时也是"研究网站用户行为的一个有效工具"。搜索引擎最佳化可实现高效的站内检索，让用户快速、准确地找到目标信息，从而促进产品和服务的销售。对网站用户搜索行为的深度分析，对于组织制定更为有效的网络公共关系传播策略也具有重要的价值。

2. 交流沟通类

交流沟通类传播手段有以下几种。

（1）电子邮件

电子邮件是一种用电子手段进行信息交换的通信方式，是应用最广的互联网服务。通过电子邮件系统，用户可以以非常低廉的价格（不管发送到哪里，都只需支付网络费用）、非常快的速度（一般情况下几秒之内可以发送到世界上任何指定的目的地），与世界上任何一个角落的网络用户联系。电子邮件的内容可以用文字、图像、声音等多种形式表现。

基于电子邮件功能的邮件公共关系是在用户事先许可的前提下（绝大多数情况下），通过发送电子邮件的方式向目标用户传递组织的相关信息，以塑造良好的组织形象的一种网络公共关系手段。

扫一扫案例讲解视频

群发邮件助力企业
公共关系危机

（2）微博

微博（Micro-Blog）即微型博客，是一种允许用户及时更新简短文本并公开发布的传播手段。作为新媒体，微博具备全民参与、内容精简、即时性和互动性强等优势，成为近年来一种全新的公共关系渠道，很多公共关系活动的开展都离不开微博。我国的微博还有聚焦度高的特点，一旦微博出现了刺激性或者与人们关联度很高的话题，这个话题就很容易在整个微博被"引爆"，以"病毒式扩散"的速度传播，迅速成为公共话题。微博在提升组织的知名度、塑造品牌形象方面有着特殊的作用。

（3）网络社区

网络社区是指包括论坛、贴吧、公告栏、群组、个人空间等形式在内的网上交流空间，同一主题的网络社区往往聚集了具有共同兴趣的诸多用户。

网络社区有多种分类方法。学术界将网络社区分为4类：交易社区、兴趣社区、关系社区、幻想社区。也有人将网络社区分为横向型网络社区和垂直型网络社区。横向型网络社区指就某一个话题在网上交谈形成一个用户有共同兴趣的网络社区，垂直型网络社区指企业利用业务关系和新闻组、论坛等形成的以企业站点为中心的网络商业社区。此外，根据沟通的实时性，网络社区也可以分为同步网络社区和异步网络社区两类：同步网络社区如网络联机游戏社区等，异步网络社区如论坛等。

（4）论坛

论坛又叫讨论组，是网上供人们就某一共同主题或感兴趣的问题展开讨论的公共场所，它已成为公共关系信息交流中一个很重要的渠道，最新的公共关系动态常常最先在讨论组中反映出来。

网络上影响力最大的传播手段之一就是论坛，通过它，企业不仅可以利用文字、图片、视频等方式发布企业的产品和服务信息，进行公共关系传播，从而让目标公众更加深入地了解企业及其品牌；还可以利用论坛的超高人气，发挥信息监测功能，以实现对市场动向、企业形象、产品形象等信息的监测以及危机预防、控制等。

精选案例

老乡鸡董事长手撕员工联名信大获好评

2020年元宵节，著名餐饮品牌老乡鸡发布了一个名为《董事长束从轩手撕员工联名信》的视频，引发网友们的刷屏。视频中，董事长束从轩亲自出镜，感谢武汉的老乡鸡员工为医护人员送餐，为国家做贡献，另外叮嘱大家在家也要多活动。最后，束从轩手撕员工不要工资的联名信，并表示卖房卖车也要让员工有饭吃。视频发出后，迅速引起关注并大获好评，使老乡鸡"吸"了一波粉丝。老乡鸡的公共关系传播有以下几个特点。一是标题带来反差营销效果，事半功倍。在这个信息爆炸的时代，标题的好坏极大地影响着文章的阅读率。那段时间，报道中小企业艰难的文章很多，"董事长束从轩手撕员工联名信"这样的标题引发网友好奇，从而提高了阅读率。二是"段子手+正能量"，既亲民又容易引发共鸣。公共关系稿的风格一般较为严肃，但在这个视频中，束从轩的表现从头到尾都是互联网化的风格，引用了很多段子、热词等，拉近了与网友的距离，符合新媒体社交传播的特性。三是董事长亲自出面，感谢员工不要工资的善举，手撕员工联名信后给员工暖心的承诺，让员工感觉到公司的关怀，并给所有观看视频的网友打气，带来满满的信心和正能量，使观看视频的网友产生共鸣。以上特点使此事件成为一个优秀的网络公共关系传播案例。

3. 传播活动类

以下几种是常用的传播活动类手段。

（1）网络广告

网络广告是通过网络发布广告并将其传递给网络用户的一种广告运作方式。与传统的四大传播媒介（报纸、杂志、电视、广播）广告以及户外广告相比，网络广告具有广泛性和开放性、实时性和可控性、直接性和针对性、双向性和交互性、易统计性和可评估性、传播信息的非强迫性、广告受众数量的可统计性、网络信息传播的感官性等特点，具有得天独厚的优势，是现代公共关系传播的重要手段。

网络广告的主要形式有展示性广告和赞助式广告等，事实上多种网络营销方法也可以理解为网络广告的具体表现形式，并不限于放置在网页上的各种规格的横幅广告，如电子邮件广告、搜索引擎关键词广告、搜索固定排名等都可以理解为网络广告的具体表现形式。

（2）网络直播

网络直播即进行网上现场直播，将产品展示、相关会议、背景介绍、方案测评、网上调查、对话访谈、在线培训等内容即时发布到互联网上，利用互联网交互性强、地域不受限制、受众可划分等特点，加强活动现场的推广效果。与其他的传播方式相比，网络直播的传播优势为平台的开放性、传播及互动的实时性、不可篡改的真实性、服务的便捷性等。直播完成后，还可以为网络用户提供重播、点播等服务，这有效地延长了直播的时间，发挥了直播内容的最大价值。

网络直播作为一种新的网络公共关系传播手段正逐渐被组织及网络用户所接受。在一大批富有经验的电视人转战网络直播平台，组成专业化的"正规军"之后，直播平台会吸引更多的公众。当前，许多公共关系从业人员和观察者十分关注网络直播对传播环境改造的意义。

综上所述，目前可以选择的网络公共关系传播手段已经越来越多元化，同时不同的传播手段之间也在交互发展、彼此渗透，不再像过去一样独立发展。一些新的网络公共关系传播手段也会不断出现，建议读者积极关注本部分未能详细介绍的其他传播手段。

项目小结

本项目主要介绍了公共关系传播的定义、特点、模式、基本要素、工具，以及网络公共关系的定义及传播手段，主要包括以下几点。

（1）公共关系传播是组织通过报纸、广播、电视和网络等大众传播媒介，辅以人际传播的手段，向其内部及外部公众传递有关组织各方面信息的过程。

（2）公共关系传播的特点：①双向互动传播；②影响对象广泛；③影响途径隐蔽；④投资成本较低。

（3）公共关系传播的基本要素：①公共关系传播主体；②公共关系传播内容；③公共关系传播渠道；④公共关系传播对象；⑤公共关系传播效果。

（4）公共关系活动中最常运用的传播工具有报纸、杂志、广播、电视和互联网。传统媒体与网络媒体各有优势，二者之间应加强合作。

（5）网络公共关系是指组织借助互联网，通过收集信息和传播沟通，在电子空间中与公众互动交流、协调关系，以达到塑造良好组织形象的目的。网络公共关系传播手段分类：①信息获取类；②交流沟通类；③传播活动类。

项目练习题

一、多项选择题

1. 一个组织在（   ）。

A. 不同时期，传播与沟通的内容是不一样的

B. 不同时期，传播与沟通的内容是一样的

C. 同一时期的不同阶段，传播与沟通的内容是不一样的

D. 不同时期以及同一时期的不同阶段，传播与沟通的内容是不一样的

2. 广播传播的优势包括（　　　）。

    A. 制作简便　　　　B. 传播迅速　　　　C. 广播是绿色媒体　　　　D. 便于保存

3. 网络公共关系与传统公共关系相比具有（　　　）。

    A. 互动效应　　　　B. 草根效应　　　　C. 娱乐效应　　　　D. 精准效应

4. 网络直播的传播优势具有（　　　）。

    A. 平台的开放性　　　　　　　　　　B. 传播及互动的实时性

    C. 不可篡改的真实性　　　　　　　　D. 服务的便捷性

二、判断题

1. 公共关系传播具有双向性特征。（　　　）

2. 公共关系传播内容是指公共关系传播主体发出的有关组织的所有公共关系信息。（　　　）

3. 公共关系信息传播是技巧性非常强的工作，发挥的是信息传导作用。（　　　）

4. 大众传播媒介也是企业可以控制的。（　　　）

5. 宣传是一种单向的心理诱导、行为影响和舆论控制方式。（　　　）

6. 病毒式传播也已成为微博话题传播的常用策略。（　　　）

三、名词解释题

公共关系传播　公共关系传播媒介　网络广告　网络直播

四、问答题

1. 公共关系传播的特点是什么？

2. 简述公共关系传播模式。

3. 公共关系传播工具主要有哪些？

4. 你还知道哪些新型网络公共关系传播手段？

五、案例分析题

    一家经营强力胶水的商店，坐落在一条鲜为人知的街道上，生意很不景气。一天，这家商店的店主在门口贴了一张布告：明天上午9点，在此将用本店出售的强力胶水把一枚价值4500美元的金币贴在墙上，若哪位顾客能用手把它揭下来，这枚金币就送给他，本店绝不食言！这个消息不胫而走。第二天，人们将这家商店围得水泄不通，电视台的录像车也赶了过来，店主拿出一瓶强力胶水，高声重复布告中的承诺，接着便为那块从金饰店定做的金币背面涂上一层薄薄的胶水，将它贴到墙上，人们争相去揭金币，结果金币却纹丝不动，这一切都被录像机摄入镜头，这家商店的强力胶水从此销量大增。

    试运用公共关系传播的相关知识分析这一案例。

项目实训一：公共关系传播活动训练

1. 实训目的

了解公共关系传播媒介的优缺点，掌握有效运用公共关系媒介进行传播的方法和技巧。

2. 实训内容

学生选择某公司，结合公司的经营特色，策划此公司的周年庆传播活动。

3. 实训组织

（1）教师布置任务，交代注意事项。

（2）全班学生分成若干小组，每组 4-6 人，选出一名组长负责全组的实训进度安排、人员分工及协调工作。

（3）各组学生分工协作，设计公司周年庆传播活动方案，制作活动方案 PPT。

（4）每组代表在课堂上演示，限时 5 分钟，全班参与讨论。

（5）各组互评打分，教师评析总结。

项目实训二：公共关系传播技能训练

1. 讨论内容

群发邮件助力企业公共关系危机管理（见 5.2.2 节二维码内容）。

2. 提出问题

（1）以上材料体现了怎样的公共关系思想？

（2）在网络时代，你还有什么办法可以开展有效的公共关系沟通？

3. 讨论步骤

（1）分组课前讨论，各组整理所提方案。

（2）各组选出代表在班级交流，发言时间 10 分钟。

（3）教师根据学生讨论发言情况做总结，时间不超过 5 分钟。

项目 6　公共关系传播方法

【学习目标】

（1）知识目标：了解公共关系从业人员选择公共关系传播方法的意义，掌握基本的公共关系传播方法。

（2）技能目标：掌握运用公共关系文书、公共关系广告和企业新闻发言人等传播方法与公众沟通的技能。

（3）素质目标：培养善于表达组织意图的能力，能够利用合适的方式和途径进行公共关系传播并改善公共关系。

引　例

毕业季广告《加油白衬衫》

2020 年，天猫牵头招聘平台各领域代表人物、8 位名人和百余品牌商家共同发起"加油白衬衫"系列公益活动，同时发布了一则名为《加油白衬衫》的广告。该广告把毕业生比作拥有无限可能的白衬衫，视频一经发出，引发全网热议。

时值 2020 年毕业季来临之际，社会各界都对毕业生求职问题高度关注。天猫把握时机，将暖心视频和线下公益展作为独特毕业礼献给所有毕业生，缓解毕业生的求职压力，借此释放品牌积极能量和强大暖心力，收获了好评。

公共关系活动的过程，就是一个组织与公众之间进行信息传播和沟通的过程。只有有效地利用各种传播方法，组织才能成功地开展各类公共关系活动。对公共关系传播方法的掌握程度也是衡量公共关系从业人员能力水平的重要标准。公共关系传播方法多样，本章主要介绍公共关系文书、公共关系广告和企业新闻发言人 3 种。

6.1　公共关系文书

公共关系活动的本质是组织与相关公众之间的信息交流与传播的过程。这种对内、对外的传播过程总是需要一定的信息载体，其中文字的载体就是公共关系文书。公共关系文书是组织在开展公共关系传播的过程中所使用的应用文的总称。本节重点介绍几种常用的公共关系文书。

6.1.1 新闻稿

新闻稿通常通过大众传播媒介公开发布。它是企事业单位的喉舌，所以公共关系从业人员不应把写新闻稿当成记者的事，而要重视用新闻媒体来传播信息，以树立组织的良好形象。

精选案例

漫威格斗冠军：最迷你的新闻稿

在泛媒体时代，万物皆媒体，一切都可成为广告信息的载体。连风格严肃、用词考究的公共关系新闻稿也可以成为传播的爆点。

随着《蚁人2：黄蜂女现身》在全球热映，《漫威格斗冠军》游戏的发行方 Kabam 正式宣布收录蚁人与黄蜂女这两个角色。由于这两个角色变身后的特点是"小巧"，于是 Kabam 为这次事件的发布准备了一份特别的新闻稿。

整篇新闻稿非常"迷你"，"迷你"不是指稿件的篇幅，而是指稿件的尺寸，小到需要借助放大镜才能看清。Kabam 将这份迷你新闻稿加上微缩版的海报、手提袋、马克杯以及放大镜装到一个小盒子里，作为公共关系礼品，赠送给媒体记者及忠实粉丝。

用迷你的公共关系新闻稿呼应游戏新引入角色的特点，不得不说十分高明。作为企业，在向公众传递企业信息时，最基础的三大要素就是清晰、直观、全面。而 Kabam 在此基础上，用一种有趣且切题的方式策划了一次完整的公共关系事件；而作为公共关系礼品寄出的小盒子，就如同落入水中的石子一般，体积虽小，却能激起一阵涟漪。

1. 新闻稿的定义

新闻稿是对新近发生的、人民群众关心的、有社会意义的事实的报道。新闻稿有广义和狭义之分，狭义的新闻稿专指消息，广义的新闻稿则包括新闻媒体中所有的新闻报道，有消息、通讯、专访、新闻述评等。

2. 新闻稿的特点

新闻稿的特点一般归纳为真实准确、新鲜及时、简短精炼和用事实说话 4 条。其中，用事实说话是指新闻纯粹客观。但"纯新闻"只在很少的科技类报道中出现，一般来说，政治、经济、文化等方面的宣传很难完全避免掺杂作者的主观看法。但新闻稿毕竟不同于理论宣传或做广告，应注重把活生生的事实摆在读者面前，以事实为依据，尽量少发议论或不发议论。消息的写作尤其重视这一条，往往让读者从事实中得出自己的结论；即使是新闻述评，也是有述有评，述多于评。

项目6　公共关系传播方法

99

此外，写作中运用的表现手法都必须直接、实在，符合新闻稿"据实直书"的写法，不能采用夸张的描写、推理，必须告诉读者清晰完整、真实可靠的事实。

3. 新闻稿的体裁

下面重点介绍消息、通讯这两种新闻稿的体裁。

（1）消息

消息是新闻稿中使用量最大、最常见的一种体裁，是传播新闻的基本形式。

① 消息的定义。

消息是用概括性的叙述方式，以简明扼要的文字，迅速及时地报道国内外新近发生的、有报道价值的、群众最关心的应知而未知的事实。

② 消息的特点。

消息的特点可归纳为真、新、快、短。真，指真实性，它是消息的生命，也是检验新闻工作者有无良好的职业道德和社会责任感的试金石。新，是指以前无人报道过或者报道的角度新奇，对于广大读者来说还指具有新的认识意义和指导意义。快，指消息的发布越快越好，具体指写得快、传播得快。短，指消息的篇幅短小，篇幅短小，信息量却大的消息才会赢得读者的喜爱。

③ 消息的结构和写作要求。

消息一般由标题、导语、主体、结尾和背景5部分组成。

a. 标题。

消息的标题会让读者产生对消息的第一印象，标题的好坏直接影响消息的传播效果。

消息的标题具有多样性和层次性的特点。消息的标题往往不止一行，各行标题所用的字体和格式也不相同。其中，位于中间、字号最大的一行称为"正题"或"主题"，其作用是讲述主要事实或提示重大意义；"正题"之上的标题称"引题""眉题"或"肩题"，用于渲染消息的精神实质、现实意义，提示消息的内容要点、消息来源、行为主体或该消息产生的条件和背景等，它对于"正题"的拟定有铺垫、导引作用；"正题"之下的标题称"副题"或"子题"，其作用是披露消息中的某些重要而具体的细节，是对"正题"的补充。各行标题如下所示。

彩灯映照笑脸　歌声洋溢大厅（引题）

小区老人和小朋友喜庆元旦（正题）

东方幼儿园小朋友表演精彩节目（副题）

标题的形式主要有以下几种。

叙述式：把消息中最主要、最新奇的事实直接叙述出来，无须描绘就能引人注意，如"子弹穿腹过　居然未察觉"。

描写式：对特殊场景进行简单的描写，如"玄武湖繁花似锦"（正题），"四万多盆菊花，许多已蓓蕾初绽喷吐芳香"（副题）。

比喻式：如"口才是随身名片"。

疑问式：如"朋友，你丢了什么？"。

对比式：如"苦中有乐，乐中有苦，一人吃苦万人乐；圆中有缺，缺中有圆，一家不圆万家圆"（正题），"各地基层组织向边防战士致敬意赠礼物"（副题）。

引语式："我最怕交际两个字"（引题），"大学生交际心态堪忧"（正题）。

双关式："走进美心成功之门"（文章介绍美心企业如何造门）。

此外还有口语式、抒情式、号召式、问答式、对偶式、衬托式、顶真式等。

请根据上述小知识，选取一则至两则网络消息，对其标题进行适当的修改，并比较修改前后的标题有何不同。

b. 导语。

导语是消息的第一句话或第一段话。其作用一是简明扼要地揭示消息的内容核心，二是吸引读者看完全文。导语的写法丰富多彩、不拘一格，一般不超过21个字。

c. 主体。

主体是紧接导语之后，对导语进行进一步扩充的部分，它以充足、典型、具有说服力的材料来具体阐述导语中概括叙述的主旨和新闻事实。

消息是记叙文体，其最基本的叙述方式有两种：一是按照事实发生、发展的时间顺序表述，二是按照事物的内在联系或人们认识问题的逻辑顺序来表现。叙述方式也有二者合一的，但要注意穿插合理有序，不可混乱不清。

主体写作的基本要求是：观点鲜明，主题突出；以事实说话，材料充分而典型；内容紧凑，结构严谨。

d. 结尾。

结尾总收全文，使读者产生总体印象，并且常常与导语相呼应，起升华主题的作用。常见的写法有小结式、展望式、引语式等。

e. 背景。

消息的背景，指消息产生的历史条件或环境条件，以及它和其他相关材料的各种联系。把它们组织到消息中，有助于读者更深刻地理解消息的主题。背景只是消息的从属部分，可穿插在导语、主体、结尾甚至标题中，并没有固定的位置。

（2）通讯

通讯在传播新闻方面有独特的优势，是用来进行公共关系传播的重要方式之一。

① 通讯的定义。

通讯是一种详细、生动、形象地报道具有新闻意义的人物或事实的新闻体裁。

② 通讯的特点。

通讯具有新闻性、评论性和文学性等特点。新闻性，指通讯报道新近发生的、具有特色的事实，必须给人以新鲜感。评论性，指通讯的作者通过夹叙夹议的手法直接揭示事件的意义，流露自己的爱憎情感，力求自己对此事的见解或个人的情感对读者产生影响。通讯作者的情感和议论常缘事而发，即景生情，成为文章的点睛之笔。文学性，指通讯在真实性的前提下，辅以艺术加工而带有浓厚的文学色彩。通讯可用细腻的笔触，对人物的外形、语言、动作、心理等进行细致入微的描写，使人物栩栩如生；可展开情节描写，尤其是运用极具表现力的细节描写，使情节跌宕起伏、生动、吸引人；可把现实描绘与内心感受巧妙地融合在一起，增强形象描述的现场感和生动性；比喻、拟人、夸张等多种修辞手法也可灵活运用在通讯的写作中，使之更具可读性。

③ 通讯与消息的区别。

a. 从时效上看，消息争分夺秒地报道新闻事实，往往先于通讯发布。

b. 从内容上看，消息只是简明扼要地交代事情；而通讯对事实的描述则要具体化，过程完整、情节详细，容纳的内容更多。

c. 从形式上看，消息的写作较为格式化，结构固定；而通讯为了突出主旨可不拘泥于固定的格式。

d. 从表达方式上看，消息以叙述为主要手法，凭借其较高的重要度、新鲜度吸引人；而通讯可采用更多的修辞手法来加强表达效果。

④ 通讯的写作要求。

尽管人们写作的题材可能不一样，但是通讯的写作有基本的要求。

a. 选择典型，挖掘主题。

写作通讯时，作者要选择人们普遍关心的问题，文章的主题要力求"新"和"深"，防止"老"和"浅"。所以，作者常常要调查研究，还要能从看似平凡的事物中捕捉典型的人和事并及时地反映出来。"调研—思考—修改"贯穿写作的整个过程，作者要在这个过程中完成主题的深化或升华。

b. 安排结构，因文而异。

通讯的结构多由3部分组成：概述（开头）、主体、结尾。不过通讯的特点决定了具体写作时的结构要因文而异。作者可运用纵式结构、横式结构、纵横交错结构，也可根据不同的内容灵活安排结构。

6.1.2 演讲稿

演讲稿是人们在工作、生活中常用的一种文体。它带有宣传性和鼓动性，运用各种修辞手法，具有较强的感染力。

1. 演讲稿的定义

演讲稿也叫"演说词""演说辞"，是用来口头发表的演讲文稿。它可以用来交流思想感情、表达自己的见解主张，还可以用来介绍自己的学习、工作情况和经验体会等，对听众具有宣传鼓动和教育作用。

2. 演讲稿的特点

演讲稿具有以下3个特点：现实性、艺术性和鼓动性。

（1）现实性

演讲是一种实实在在的现实活动。演讲稿要把现实中作者的自我形象表现出来，所谈论的是生活中大家关心的、值得探讨的话题，传达的是作者自己的观点和看法，表现独特的个人风格。所以，演讲稿从写作目的和表现手法上看都具有现实性的特点。

（2）艺术性

演讲稿虽然是实用文体，但它仍然讲究艺术美，这也是它较一般的口语更优美动人、富有魅力的原因所在。演讲稿的写作吸收了多种语言表现艺术的精华，如妙用修辞手法使之新巧而有情趣；用造势技巧使之激情飞扬、气势雄劲；将平淡的故事曲折化、复杂的故事人性化，以增强感染力和震撼力；点化警句、升华主旨，并进行辩证剖析，使演讲稿体现艺术性特点。

（3）鼓动性

演讲的目的是"以辞促情""以辞促行"，所以作者往往在演讲稿中倾注充沛的情感，并用恰当的方式表现出来，以激发人们的爱憎情绪以及对美好生活的向往，或用赞誉之词激励人们去争取荣誉、奋勇拼搏。与其他文体相比，演讲稿具有浓郁的鼓动色彩。

3. 演讲稿的结构

从结构上看，演讲稿可分为3个部分：开头、主体和结尾。

（1）开头

俗话说"好的开头是成功的一半"，开头主要有以下作用：与听众建立相互信任的感情联系；创造良好的演讲气氛，为全篇定下基调；说明主旨并自然地引出下文。

开头的方式多种多样，典型的开头方式有以下几种。一是直入式。开门见山，开篇点题，把要点先写出来，立刻引起听众的兴趣。二是提问式。这种方式可以引导听众思考。三是悬念式。讲一个生动精彩、扣人心弦的小故事，或者列举一个触目惊心的事实，或者先设置疑问再来解答。四是赞扬式。赞扬式开头应当切合实际，不能给人以虚假、不实的感觉。五是道具式。该方式指展示与演讲题目或主题有关的实物。除此以外，还有新闻式、激发式、幽默式、模仿式、名言式等多种开头方式。

请尝试用不同方式写演讲稿的开头，并比较其差别。

（2）主体

主体是演讲稿的主要部分，从多方面去阐明主题。演讲稿主体的写作要突出主题，内容应详略得当，结构层次分明。

（3）结尾

俗话说"编筐织篓，贵在收口"，演讲稿最重要、最精彩的部分常在结尾。其作用在于点明主旨，加深认识；促人深思，耐人寻味；调动激情，促人行动。

常见的结尾方式主要有以下几种。

a. 总结式。

总结式又叫概括式或点题式。演讲者在演讲即将结束时概括全篇的主要思想内容，以达到突出中心、强化主题的作用。例如，《送你一个金苹果》的结尾："朋友们，人生的魅力，也许就在于时时可以启程，向远途，向没有遗憾的未来行进。当你还处在孤独、徘徊中时，当你还在寻找与你同行的人时，千万不要忘了紧紧握住让你扬帆远航的一支桨——学会与他人合作，这也是我赠予你的一只金苹果。"

b. 号召式。

鼓动性演讲常采用号召式结尾收束全文，以激起听众的勇气和斗志。例如，《为女性的今天喝彩》的结尾："今天，我把这番话献给所有不甘沉沦的女性，让我们记住——无论你现在身处何种境况，都要勇敢面对，正视自己，摒弃旧时代的自卑与怯懦，做个自尊、自强、自信的新女性！正如歌中所唱：今天的我，都十分可爱，不管输、不管赢都很精彩。你我走向舞台，唱出心中的爱，迈出青春的节拍，让我们为今天喝彩！"

c. 希望式。

希望式结尾是指演讲者运用激昂、扣人心弦的话鲜明地表达自己的立场、观点，以情动人，让听众产生共鸣。例如，《在平凡的职业岗位上》的结尾："在我将要结束演讲之际，愿与在座的每一位同志共勉——热爱我们平凡而光荣的职业岗位吧！宏伟的社会主义事业就集大成于一个这样的岗位。"

d. 展望式。

一些主题明快的演讲，结尾会为听众展示一幅美丽壮阔、充满光明和希望的蓝图，增强听众奋斗的信心和决心。

e. 建议式。

演讲稿的写作从提出问题到分析问题，最后会在结尾中提出建议。例如，有的演讲稿的结尾建议听众对某项工作进行监督，或对某项结果进行检验。

f. 提问式。

这种结尾方式的特点和基本要求与提问式开头相近，但提问式开头一般自问自答，提问式结尾则大多以反问的形式出现。演讲者自己不解答问题，而是让听众思考，给人以余味无穷之感。

g. 名言式。

名人名言具有一定的权威性，用在结尾可为演讲内容提供有力的证明，让听众信服。例如，《中国公学十八年级毕业赠言》的结尾："易卜生说：'你的最大责任是把你这块材料铸造成器。'学问便是铸器的工具，抛弃了学问便是毁了你自己。再会了！你们的母校眼睁睁地要看你们十年之后成什么器。"

结尾方式除以上列举的外，还有幽默式、祝贺式、寓言故事式等。各种结尾方式不是截然对立的，有时一篇演讲稿可同时使用几种方式结尾。用何种方式结尾，要根据演讲的内容、听众的心理和演讲的场合来确定，不可拘泥于形式。

练一练

请改写一篇演讲稿的结尾，并比较修改前后的差别。

4. 演讲稿的写作要求

演讲稿的写作要注意以下几点。

（1）能直接应用于口头表述

相对于其他文体或文章形式而言，演讲稿必须能直接应用于口头表述。因为演讲者与听众面对面直接交流，声音转瞬即逝，不可能停下来，留下时间给听众回味，所以演讲稿要做到中心突出、层次分明，语言既要符合语法规范，又要口语化，便于口耳相传，使听众准确接收信息。

（2）适应语境的变化

演讲是在特定的环境中进行的，并受环境的制约。语言学中把语言表达所处的具体环境称为语境。在演讲稿写作中，语境是必须考虑的一个重要因素，巧妙地结合语境来写演讲稿，对于增强语言表达效果十分有用。

（3）生动活泼，简明扼要

作家老舍在《人物、语言及其他》中说："我们的最好的思想，最深厚的感情，只能被最美妙的语言表达出来。若是表达不出，谁能知道那思想与感情怎样好呢？"所以，在将演讲稿写得明白通俗的基础上，还要用修辞手法、幽默风趣的语言或发挥汉语具有音乐性的特点去追求语言的生动活泼。演讲稿不宜过长，德国著名的演讲学家海因兹·雷德曼在《演讲内容的要素》中指出："在一次演讲中不要期望得到太多。宁可只有一个给人印象深刻的思想，也不要50个让人前听后忘的思想。宁可牢牢地敲进一颗钉子，也不要松松地按上几十颗一拔即出的图钉。"

精选案例

食品店经理的就职演讲

各位：

今后我们8个人就要同舟共济了。抵押承包，可不是像张飞吃豆芽菜那样轻松，搞不好会"折了兵又赔夫人"。我是不想把夫人赔上的，不知各位意下如何？这家食品店为什么由咱们8个人承包呢？这个"八"字，从古至今就是一个有魔力的汉字。八卦图变幻莫测，合阴阳相济、相生相克的哲理于东西南北，于金木水火土最基本的方位和物质之中；八卦掌柔中有刚，在平缓连绵、滴水不漏的步法掌式中出奇制胜。咱们8个人，又应了一句"八仙过海，各显神通"的古话。各位有什么绝招，不管是宝葫芦、芭蕉扇，还是何仙姑的水莲花，都可以使出来。不过，常言说"无规矩不成方圆"，咱们也立个章程。第一要遵纪守法，讲职业道德。该交的交，该留的留，不能含糊。不能做缺德买卖，将心比心，我们哪位要是买了掺了假、爬了虫的点心，也会骂人的！第二要对顾客热情，情暖三冬雪，诚招天下客。脸上少挂点儿霜，不善于笑的，多看几段相声，多听几个笑话。还要讲点儿仪表美，济公心灵够美了，请他老人家来站柜台恐怕不行。第三，说出来有点儿不好听，大家在家不妨吃得饱一点儿，最好不要到店里来补充营养。咱们这家店去年有一个月损耗点心200多斤，人人都说闹耗子，这也太有损我们的形象了。最后，请各位回家告诉自己的对象，咱们堂堂8条男子汉，决不会把她们赔上的，请她们等着抱"金娃娃"好了。

6.1.3 公函与柬帖

在公共关系活动中，礼尚往来、交际应酬是必不可少的，公函与柬帖是常用的工具，是重要的传播媒介。

1. 公函

公函轻捷简便，是机关里频繁使用的文种之一。

（1）定义

公函是不相隶属机关之间商洽工作、询问和答复问题，或者向有关主管部门请求批准和答复审批事项所用的公文文种。

（2）公函的结构和写作要点

公函的正文一般分为缘由、事项和结语3部分。

缘由部分要写清发函或复函的目的。复函引据来文，一般为"×年×月×日来函（文号）收悉"。

对于事项部分，若是发函，必须把事项写清，以便对方了解意图，及时复函。复函应针对来函提出的问题和要求给予明确的答复，切忌拐弯抹角、答非所问。

至于结语部分，发函用"即请函复""专此函达""此复"等。

（3）公函写作的注意事项

① 一函一事。如果公函的内容不专一，一函数事，就会影响公文处理速度。

② 叙事简明，直截了当。函的语言质朴，不寒暄客套，不议论抒情。

③ 掌握分寸。

函没有固定的行文方向，既可上行、平行，也可下行，发函时应注意来往机关的职权范围与隶属关系。用语应得当，语气应恳切平和。

2. 柬帖

柬帖泛指信札、请帖等。柬帖是人际交往的桥梁，是增进人与人团结、友爱的纽带。

（1）柬帖的定义

柬帖与便条、名片一样，都是书信的变体，但是柬帖的形式与用语比便条、名片更为固定。柬与简相通，是以竹简书写的意思；帖则是用布帛来书写。二者是在纸张流行之前，因为书写材料不同而产生的异称。所以柬帖亦称简帖，它是一般应酬及婚丧庆吊所用文种的总称，为书面通知，大多将稍硬的纸张印成单张卡片或折叠式卡片。在用纸片取代木片、竹片、布帛之后，柬帖的装饰和用料也越来越考究了。

（2）柬帖的特点

柬帖的特点包括交际性、礼节性和规范性。喜帖和谢帖是常用的柬帖。

（3）柬帖的写作

柬帖从内容到形式都极具礼仪特征，写作时须注意采用约定俗成的格式。

① 标题。

标题上写"请柬"或"邀请书"等，字号稍大，写于正文正上方或封面上，要美观、醒目。

② 内容。

另起一行（或一页），顶格写明收件人的单位名称或个人姓名，一定要使用敬语。如采用竖排书写则要从右向左，写在标题左侧；如果送达的是某单位或团体，则要写全称。称呼的后面要加冒号，表示后面还有话要说。在第二行空两格，写正文时要写清事由，如是请柬则要写清时间、地点。

③ 结尾。

结尾处用敬语，一般写"敬请光临指导"或"请届时出席"等。

④ 落款。

写明发柬帖者的单位名称或个人姓名，通常加盖公章(私人柬帖可以不盖章)，最后写上日期。

6.1.4 简报

1. 简报的定义

简报是机关内部编发，用来反映情况、沟通信息的一种简要的书面报道或报告。它虽有报告的功能，但不属于法定公文。其因篇幅短小，形式灵活，使用方便，成为使用较多的日常文书。

因简报反映的内容多种多样，所以它有多种名称，如 "××动态" "××参考" "情况反映" "情况交流" "消息快报" "××邮政信息" 等。

2. 简报的特点

简报的特点是快、新、简、实。快，指简报是公文中的"快报""轻骑兵"，对信息的收集、整理、传递和反馈有强烈的时效性。新，指简报可敏锐地捕捉有价值的新信息，力求在新事物或新问题刚出现时就见微知著，迅速加以反映，不仅内容新，反映角度也新。简，指内容集中精练，篇幅短小精悍，文字简洁利落。实，是简报最基本的特点，简报不空洞花哨、听风就是雨，用具体事例和数据真实地反映情况。

3. 简报的结构及写作要点

简报有自己较固定的、独特的撰写格式，它可分为报头部分、行文部分、报尾部分。

（1）报头部分

报头部分约占首页的1/3，下面常用一条横线与行文部分隔开，包括简报名称、简报期号、编发单位、印发日期。

① 简报名称。

简报名称有很多种，如"××简报""消息快报"等，一般用字号较大的红色、绿色等彩色字体印在报头部分的中间。

② 简报期号。

简报期号单独编写，不与发文机关一起编号，一般按年度编号，位于简报名称下面，如果是增刊和专刊，应在期数的位置注明。

③ 编发单位。

编发单位要用全称，位于简报期号左下侧。

④ 印发日期。

印发日期要年月日俱全，位于简报期号右下侧，与编发单位在同一行。

（2）行文部分

行文部分包括标题和正文。

① 标题。

简报的标题居中排列，有单标题和双标题两种，要求紧扣主题、醒目。

简报的标题要比一般的公共关系文书的标题灵活，可像新闻报道标题那样进行艺术加工以求生动，除叙事性标题和倾向性标题外，还可采用修辞手法写出艺术性标题，如《纸上春风吹绿野——读吴瑛文集〈淡墨清音〉》。

② 正文。

正文分为开头、主体、结尾3个部分。

开头类似新闻报道的导语，常用的写作方式是先概述后分述，先写结果后写原因。

主体部分用事实和数据分段、分层地展开叙述；可归纳分类叙述，可夹叙夹议，也可对比叙述。

结尾可以是展望式或归纳式，也可意尽言止，自然结束。

（3）报尾部分

报尾在正文后面，在两条平行线内注明发放范围、印发份数。机关内部发放的简报常没有报尾。

6.1.5 调查报告

调查报告的撰写对于公共关系从业人员了解实际情况、剖析事物的本质及其发展趋势，从而解决问题具有积极的作用。

1. 调查报告的定义

调查报告是一种反映情况、判断性质的工作报告，这是一种习惯上的称呼，确切地说应是调查研究报告。

2. 调查报告的结构及写作要点

调查报告分为标题、署名和正文3个部分。

（1）标题

调查报告的标题分单标题和双标题两种。

① 单标题。

单标题是用一行或单行文字表述主题的标题。可采用公文式标题或以主要观点作为标题。

② 双标题。

双标题是由两行文字按一定的规律组合而成的标题。可采用正副标题结合的方式，正题表明全文的主题，副题再将主题具体化或加以限制，具体表明调查的对象和问题。

调查报告的标题除了要做到醒目外，还要观点突出、生动活泼。

（2）署名

署名是作者姓名，可以是个人姓名或调查组的称谓，位于标题之下正中央。

（3）正文

正文由3部分组成：前言、主体和结尾。

前言是全文的开端，概括介绍调查对象、调查情况和全文的重点，起着总领全文的作用，可采用概述式、结论式、提问式等形式，总之要开门见山、紧扣主题。

主体是全文的重点，是前言的引申和结论的根据，包括调查到的事实、调查研究的结果。其结构形式可分为以下几种。

① 横式结构。

横式结构是对得来的情况进行分析，得出结论，按其内在逻辑联系将其分成几个部分，围绕中心，分别叙述说明，有的可加小标题，有的可加序码。

② 纵式结构。

纵式结构是按事物发生、发展的先后顺序或调查过程来写的，一气呵成。

③ 纵横式结构。

纵横式结构兼具横式结构和纵式结构的优点，用得最多。

④ 对比式结构。

对比式结构是把不同的情况加以对比，在对比中认识事物，如《同样是邮政营业网点，服务水平大不同 ——××区两个邮政营业网点的对比调查》。

结尾主要是对所调查的问题提出总的看法、结论性意见，或阐述新事物的重大价值，或介绍先进典型事迹的重大意义，以点带面，或附带说明存在的问题、努力的方向等。结尾应简短有力、形式多样。

正文要坚持为表现主旨服务，要保持思路的完整统一。

3. 撰写调查报告的注意事项

撰写调查报告时应注意以下几点：①要考虑读者的观点、阅历，尽量使报告内容适合读者阅读；②尽可能使报告简明扼要，不要拖泥带水；③报告要通俗易懂，使用大众词汇，尽量避免使用行话、专用术语；④务必使报告所包括的全部项目都与报告的宗旨有关，剔除一切无关资料；⑤坚持科学严谨的原则，仔细核对全部统计资料，务必使报告准确无误；⑥充分利用统计图、统计表来说明和展示资料；⑦按照项目的重要性来决定报告篇幅的长短和强调的程度；⑧务必使报告工整规范。

6.2　公共关系广告

组织形象已成为组织的一种无形资产，合理有效地运用公共关系广告可以帮助组织塑造良好的形象，强化品牌形象，达到"润物细无声""滴水穿石"的宣传效果，可使组织赢得独特的竞争优势。因此，公共关系广告必不可少。

6.2.1　公共关系广告的定义及特征

"广告"一词源于拉丁语，从字面意思看，广告就是"广而告之"，即向广大公众告知某件事，有广泛劝告之意。广告是一种宣传方式，指广告客户有计划地利用各种媒体传递各类信息，从而对商品、服务或观念进行的非个体的传播活动。公共关系广告是公共关系与广告整合后诞生的新的广告形式，是以广告的形式开展公共关系传播工作的一种方法。其定义和特征如下。

1. 公共关系广告的定义

公共关系广告，是由组织通过各种传播媒介，向特定公众发布的，以提高自身知名度、树立自身信誉以及协调自身与各类公众的关系为目的的广告。

2. 公共关系广告的特征

公共关系广告具有公共关系活动和广告活动的双重性质，它不同于一般的广告。其特征表现在以下几个方面。

（1）功利目的的隐含性

公共关系广告是公共关系实务的一部分，其功利目的与公共关系的总体目标和从事公共关系工作的组织发展目标紧密相连。因此，它的主要目标是唤起公众对组织的注意、兴趣、信赖、好感，创造有利于组织发展的良好的社会环境和气氛，而不是直接刺激公众的消费欲望，从而提高商品销售额、拓展服务范围或增加服务收入。此目标决定了公共关系广告功利目的的显露程度，其功利目的多"藏而不露"，通过相对客观、冷静的介绍，逐渐在公众心中树立良好的组织形象。

例如，百雀羚的公共关系广告《韩梅梅快跑》一经推出便受到了人们的一致好评以及"疯狂"转载。这则广告，没有任何植入镜头，也没有扎眼的品牌 Logo 满屏乱晃，只在结尾处出现了品牌标志。在这一则"不是广告的广告"中，主角是"80 后""90 后"的共同记忆——韩梅梅，广告寻找的正是共同记忆中那些能真正触动"我"的点，"愿你出走半生，归来仍是少女"，转发评论中这句话成为出现频率最高的金句。这句话巧妙地告诉所有的女性，外表的呵护和心灵的呵护同样重要。女性就是要活出自己，变得强大。这则广告也得到了"共青团中央"官方微博的赞许。

（2）主题思想的利他性

公共关系的行为规范要求公共关系广告在遵守"利己性"这一广告规则的大前提下，尽可能体现利他性，以服务公众为宗旨，体现一种类似"社会福利事业"的精神；而商业广告则在"求实"的行为规范要求下，带有比较强烈的"利己性"倾向。行为规范的差异，导致了公共关系广告和商业广告主题的不同，前者，虽然其最终目的是"利己"的，但体现在广告中的主题思想却是"利他"的；而后者，其最终目的与广告主题思想是完全一致的，传播文案主题的确立无须回避"利己性"。

（3）结构要素的新闻性

有些公共关系广告是以新闻的形式直接出现的，如向社会宣传企业取得重大成就、受到表彰的公共关系广告，宣传企业参与社会福利事业捐助活动的公共关系广告，介绍企业实施新战略、企业法人代表参加重大活动的公共关系广告，以及以广告形式出现的企业法人代表访问等，其结构要素都具有明显的新闻性。例如，《"米其林大厨"走进卖场烹饪教学》，选自 2020 年 8 月 28 日《南京日报》，从标题到实际内容，基本上都是以经济通讯的形式出现的，是典型的具有新闻性的公共关系广告。

6.2.2　公共关系广告与商业广告的区别

公共关系广告作为广告大家族中的一员，与商业广告有共同的特点，即广告主同样需要支付一定的费用，以及借助大众传播媒介来传播信息。但公共关系广告与商业广告也有所不同，两者的区别主要表现在以下几个方面。

1. 目的、内容不同

商业广告的直接目的就是推销产品，促进产品的销售。其内容主要是介绍产品的特点，从而使受众产生购买欲望。商业广告要千方百计地增强其感召力，力求给受众以紧迫感，促使广告行为的尽快发生，有时甚至出现"喝××，中大奖""存货不多，购者从速"等极富诱惑力的字眼，这种情况在公共关系广告中极少见到。公共关系广告的主要目的在于引起公众对组织的注意，求得公众对组织的理解、支持、合作与帮助。其内容主要是介绍组织的整体性特点，如经营原则和方针、组织精神、人员或设备、现代化水平等。正如有人概括的那样，公共关系广告"不是要大家买我，而是要大家爱我""不是为推销产品，而是为推销形象"。

2. 表达方式不同

商业广告的宣传方式一般直截了当，总是列举产品的种种优点，力图说服人们去购买。而公共关系广告则较为含蓄，会尽量避免商业性。如下面两则广告："味道好极了"——雀巢咖啡广告，"尊重人——四通成功的首要因素"——四通集团公司广告。对比这两则广告不难发现它们的显著差别，前者是商业广告，带着浓重的劝说色彩；后者是公共关系广告，比较超脱和恬淡。

3. 传播效果不同

商业广告的传播效果一般是直接的、可测量的，可以通过产品销售额的增减来衡量。公共关系广告的传播效果是战略性的和全局性的，成功的公共关系广告获得的效益涵盖各个方面，难以通过销售额和利润指标直接测量。

有学者从更多方面总结了商业广告与公共关系广告的区别，如表 6-1 所示。

表 6-1 商业广告与公共关系广告的区别

项目	公共关系广告	商业广告
传播内容	与组织形象有关的信息	产品及相关技术
传播对象	公众	消费者及潜在消费者
传播目的	"爱我":交朋友、树形象	"买我":卖产品、做生意
营销功能	间接促销	直接促销
影响模式	公众→企业→产品	公众→产品→企业
表现方式	客观性强	主观性强

6.2.3 公共关系广告文案写作技巧

在进行公共关系广告文案写作时,要注重以下几个方面。

1. 选准时机

要做好公共关系广告,抓准和把握时机是非常重要的,时过境迁将徒劳无功;提早做广告,不仅会耗费较多的财力,还会因时机不成熟导致效果不显著。何时做公共关系广告,选择何种公共关系广告类型,应视公共关系的目标和具体内容要求而定。

2. 淡化商业痕迹

公共关系广告一定要避免与商业广告雷同或商业痕迹太重,否则会引起公众的反感,从而失去实际意义。公共关系广告的效果,不能以卖出了多少产品、增加了多少利润来衡量,而是要看它是否维护和提高了组织的良好形象。有的纪实性公共关系广告,通过结合某些社会性问题,把组织的有关情况编辑成特辑,在杂志上以多页篇幅刊登。其笔调是纪实性的,而娓娓道来的叙述实际上就是为组织做广告。

3. 富于创新

在始终如一地坚持组织基本宗旨的同时,公共关系广告的内容、角度、手法等应不断创新,要让公众感到组织充满生机和活力,总是有新的成就和发展。例如,某运动品牌在2017 年与×××合作,推出了一则名为《心再野一点》的 VR 全景广告,以×××的视角向观众讲述她的拼搏人生,结合新兴的 VR 全景技术,让观众觉得自己就在×××身边听她讲述,这样的创新手段展现了品牌年轻、拼搏、不妥协的形象,让公众感受到该品牌充满了蓬勃的生命力。

4. 自信而不自夸

自信是成功推销自己的前提,很难想象一个不自信的人能够说服别人信赖自己。公共关系广告文案的行文要有气势，文字要简洁有力、充满自信，切忌语意含混不清、拖泥带水。当然，行文语言的自信并不是自吹自擂、自高自大。

✏️ 课堂讨论

在某国出租车市场排行第二的 A 汽车租赁公司多年来一直高声呐喊"永远争第一"的口号，而且总希望能以第一自居，但一直竞争不过真正的"老大"——B 汽车租赁公司。后来，他们收敛了锐气，推出了耳目一新的广告词："我们排行第二，自当全力以赴"。这样一句自信而不自夸的广告词将一个顽强拼搏、自强不息的勤勉奋斗者的形象展现在公众面前，从而引起了公众的极大兴趣和同情，使租车者频频光顾。A 汽车租赁公司终于得以与"老大"——B 汽车租赁公司比肩。

C 电器公司的广告词："本公司成立时间不算很长，产品难免有不少缺点。为了维护消费者的利益，只要消费者找到一台不符合国际质量标准规定或给消费者带来麻烦的本公司产品，本公司将以两倍于产品价格的高额奖金予以奖励。"

生活中一些企业在宣传自己时总是强调历史悠久、工艺一流、誉满全球、高技术、高起点，甚至开口就以"最"字当头，唯恐公众不看重自己，结果却适得其反，给公众留下了吹牛的坏印象。

试举你所看到的例子，与上述两例对比，分析其传播效果。

---

5. 生动具体

广告很忌讳形式呆板、语言生硬、内容空洞。同样的信息用不同的方式表达出来，效果可能迥然不同。

例如，某汽车公司曾做过这样一个广告：画面上有一辆小汽车，以醒目的大字标明"次品"，下方有文字说明"汽车的检验员因仪表板上的小贮藏柜里有一道划痕而拒绝给予通过"。该公司对公众认真负责的态度以及对产品极其严格的要求就在这样一个"次品"和一句看似不经意的说明中展露无遗。该公司在公众心目中树立起良好的形象也是水到渠成的。该广告的效果自然是那些"美观""大方""优质"之类的空洞而生硬的描述所不能比拟的。又如，广西桂林梅高广告策划有限责任公司的广告词："在没有金字塔之前，只有一些普普通通的石头罢了……看似很平常的东西，一块石头或一堆火、一个符号或一段文字，通过广告人的重新组合，会产生神奇的效果，成就一个伟大的创意……"这则广告文案巧妙而生动地展示了该广告公司非凡的智慧和创意。

6. 亲切热情

组织如果要在公众心目中树立良好的形象，彻底打动公众，就应在公共关系广告中融入情感。例如，海南航空的一则报纸广告的画面中有一位和蔼可亲的空姐，她正躬身与一位幼儿亲切交谈。这位幼儿仰望着空姐，将右手的食指放在唇边，目光中流露出稚气和淘气。画面右下角是海南航空的标志和"天涯咫尺情系海航"的广告口号。在"阿姨，妈妈让我自己回家"的广告标题下面有这样的文字："像5岁的黄火这样只身乘机的小旅客，我们每年都要接待很多。用亲切、友好和真诚的态度去关照所有旅客，而不仅是孩子，这就是我们的服务宗旨。我们认为喷气客机使世界已不再遥远，需要接近的也许是我们的心灵。我们所能做到的是营造温馨的氛围，换得旅客的一份好心情。珍重情谊的海南航空。"此广告选择了年幼的只身乘机的小旅客作为广告诉求的切入点，宣传其服务质量让人放心。

7. "利他"先于"利己"

公共关系广告同一般商业广告一样具有很强的"利己"性，最终目的都是宣传自己、推销自己。但是，如果一则公共关系广告给人的感觉是一切"为己"，那就难逃失败的命运。公共关系广告应尽可能体现利他性，以服务公众为宗旨。虽然其最终目的是"利己"的，或者是"利己""利他"并存的，但于广告文案中体现的主题思想却应该是"利他"的，也就是要尽可能做到彰"利他"而隐"利己"，"利他"先于"利己"。例如，美国奥尔巴林广告公司有"百万"的资产，但它只赚取"毫厘"，这不仅反映了为顾客服务，让利给顾客的经营宗旨，而且还展示了它规模宏大、资金雄厚的现代企业形象。

精选案例

无私的帮助

在一个伸手不见五指的黑夜，一个女孩忙着回家，在街道上独自骑着自行车。经过一个路口时，她看见有一位卖夜宵的老人点着一盏幽黄的灯，正在收拾小摊，准备打烊。老人看到远处的女孩，打了个招呼。老人提着那盏灯，为女孩照亮前面的路。那盏幽黄的灯并不能照亮多远的路，但体现了人与人之间美好的关怀。广告只在最后出现了中国平安的标志，中国平安意图通过广告诠释人们对美好情感的需求和人们相互关爱的愿望，说明我们需要互相帮助才能平安，才能走得更远。

6.3　企业新闻发言人

我国的企业新闻发言人制度是在政府新闻发言人制度的带动下建立的，目前，各类企业纷纷设立企业新闻发言人。现代企业只有了解企业新闻发言人的主要任务和应具备的素质，才能在经营管理中更好地发挥企业新闻发言人的重要作用。

6.3.1　企业新闻发言人的定义

企业新闻发言人，是企业中负责发布新闻和信息、接受采访、解疑释惑、澄清事实、维护企业形象等事务的专职人员。

6.3.2　企业新闻发言人的主要任务

企业新闻发言人要成功地把企业的想法、方案和战略向公众说明，顺利地完成企业形象传播者和维护者的角色要求，就要完成相应的任务，做到"守土有责"。具体来说，企业新闻发言人要完成以下十大任务。

一是要实时跟踪企业的相关新闻动态；二是要向企业相关部门通报重大新闻；三是要评估媒体的报道与反应；四是要建议企业做出何种反应；五是要安排企业高管的公开活动日程；六是要起草企业高管的公开发言稿；七是要策划和举行由企业高管参与的新闻发布会；八是要以企业新闻发言人的身份接受媒体的采访；九是要策划企业高管接受媒体采访的活动，并在采访前安排彩排；十是要出席企业相关的重要会议。

上述十大任务可归结为两大方面。

一方面是"媒体是怎样看我们的"。十大任务中的第一项～第三项涉及这一方面。其重点是监控企业生存的舆论环境，企业新闻发言人应及时掌握各类媒体对企业信息的传播，洞悉"拟态环境"中有哪些关于企业的信息，其中哪些信息有利，哪些信息有害，并及时将相关信息反馈给公众。

另一方面是"我们要让媒体知道什么"。上述第四项～第十项涉及这一方面。传播学中有"议程设置"理论假说，即大众传媒对某些命题的强调程度与这些命题在受众中受重视的程度构成明显的正比关系。通俗地说，就是大众传媒报道什么，受众就关注什么；大众传媒越重视什么，受众就越关注什么。企业新闻发言人要合理地设置媒体议程，策划新闻"卖点"，引导企业的公众舆论，以塑造企业的良好形象。

6.3.3　企业新闻发言人的基本素质

企业新闻发言人要具备6种基本素质：一是要知晓全局，充分认识全局的形势，对国家的政治、经济等政策了如指掌；二是要详知实情，要知道新闻事件的实际情况，针对此事件的社情民意、舆情动态以及可能面临的媒体的下一步追踪情况，或有关危机的信息传播情况，要做到心中有数，能够随机应变；三是要善于应对，要把握分寸、因势利导，努力把希望传播的消息传出去；四是要恪守纪律，要把握正确的舆论导向，注意维护国家、集体、企业的利益，并注意塑造企业在公众心目中的良好形象；五是要阅历丰富，精通业务，技巧熟练，反应敏捷；六是要心理素质好，冷静、理性、坦诚、包容，在镜头前要注重自身的形象，注意细节和肢体语言，要做到语言简洁、幽默。企业新闻发言人要全面、理性地认知媒体和记者，认识到他们具有正面报道企业相关情况的作用和功能。

项目小结

本项目介绍公共关系传播常用的方法：公共关系文书、公共关系广告和企业新闻发言人。内容主要包括以下几点。

（1）公共关系文书，是组织在开展公共关系传播的过程中所使用的应用文的总称。在组织形象塑造方面，公共关系文书起着不可忽视的作用。本项目重点介绍的是：①新闻稿；②演讲稿；③公函与柬帖；④简报；⑤调查报告。

（2）公共关系广告，是由组织通过各种传播媒介，向特定公众发布的，以提高自身知名度、树立自身信誉以及协调自身与各类公众的关系为目的的广告。公共关系广告的特征：①功利目的的隐含性；②主题思想的利他性；③结构要素的新闻性。公共关系广告与商业广告不同。公共关系广告文案写作技巧：①选准时机；②淡化商业痕迹；③富于创新；④自信而不自夸；⑤生动具体；⑥亲切热情；⑦"利他"先于"利己"。

（3）企业新闻发言人，是企业中负责发布新闻和信息、接受采访、解疑释惑、澄清事实、维护企业形象等事务的专职人员。企业新闻发言人要完成其任务，应具备一定的素质。

项目练习题

一、多项选择题

1. 消息的简洁性主要体现在以下几个方面（   ）。

   A. 篇幅简短　　　　B. 文字简洁　　　　C. 主题集中　　　　D. 告知性强

   E. 约束力强

2. 消息的特点可归纳为（   ）。

   A. 短　　　　　　　B. 真　　　　　　　C. 快　　　　　　　D. 新

   E. 约束力强

3. 通讯的特点包括（   ）。

   A. 新闻性　　　　　B. 评论性　　　　　C. 文学性　　　　　D. 修辞性弱

4. 调查报告主体的结构形式可分为（   ）。

   A. 横式结构　　　　B. 纵式结构　　　　C. 纵横式结构　　　D. 对比式结构

5. 公共关系广告的特征包括（   ）。

   A. 功利目的的隐含性　　　　　　　　B. 商业色彩较浓

   C. 主题思想的利他性　　　　　　　　D. 结构要素的新闻性

二、判断题

1. 消息的"正题"，其作用是披露消息中的某些重要而具体的细节，是对"副题"的补充。（   ）

2. 公函可以一函多事。（   ）

3. 柬帖的特点有交际性、礼节性和规范性。（   ）

4. 好的演讲稿开头可以营造演讲气氛，确定全篇基调，说明主旨并自然地引出下文。
（   ）

5. 公共关系调查报告的研究目的、调查对象及范围、主要调查方式和手段、调查时间、
调查地点需要在正文部分予以说明。（   ）

6. 公共关系广告是传播各类信息、谋求新闻界客观报道的最行之有效的手段。（   ）

7. 公共关系广告有助于为企业经济效益的提高创造社会大环境，所以公共关系广告宣
传活动也要付费。（   ）

8. 企业新闻发言人要善于应对，努力把希望传播的消息传播出去。（   ）

三、名词解释题

公共关系文书　新闻稿　公共关系广告　企业新闻发言人

四、问答题

1. 演讲稿的特点是什么？演讲稿有何具体写作要求？

2. 结合自己的大学生活体会，撰写一份演讲稿。

3. 试举例说明一份好的新闻稿对于宣传组织形象的作用。

4. 请撰写本专业同学考研动机调查报告的框架。

5. 什么是公共关系广告？公共关系广告的作用是什么？

6. 简述公共关系广告与商业广告的区别。

7. 你认为企业新闻发言人需要具备哪些素质？

五、案例分析题

丁磊致股东信

2020年5月29日，网易登陆美国纳斯达克20年后，其CEO丁磊发布了第一封股东信，表示网易正准备在中国香港地区二次上市，将"网易"这个久经时间考验的品牌带回中国。丁磊的这封股东信连同网易即将在中国香港地区二次上市的消息，迅速在网络上刷屏。

1. 几乎所有上市公司都免不了要发布股东信，而网易的这封股东信除了是企业与投资者的一次沟通之外，还是企业与公众的一次沟通。在公共关系中，企业与公众沟通的方式很多，为什么丁磊采用"书信"这一沟通方式？

2. 股东信以丁磊个人的视角，面向股东与用户，以"人对人"的形式对话，而非"企业对利益相关者"的口吻来叙述，以这样的口气写的这封信，为什么能提升相关公众对网易的好感度和信任度，树立网易良好的企业形象？

项目实训一：公司公共关系广告策划

某房地产公司计划推出一个新楼盘，为了更好地宣传企业，增加楼盘的销量，公司要求公共关系企划部策划一则公共关系广告。

1. 实训目的

掌握公共关系广告策划和实施的技巧。

2. 背景材料

随着我国城镇新建住宅面积的不断增加，为适应市场竞争的需要，房地产市场呼唤大量企业形象广告。在消费者的心目中，信誉好的房地产企业开发的楼盘质量高，购买之后无后顾之忧。楼盘的建设公司应当是一家有组织、有规模、有良好经营方针的公司。

3. 实训设计

（1）全班同学分成若干组，每组 5 人左右并选出组长。小组成员共同协作，通过互联网、报纸、杂志等途径收集相关资料（包括所选定的房地产公司的资料、房地产行业形象广告资料等）。

（2）各组通过讨论，确定公共关系广告的主题（广告不仅要说明房地产公司的实力、规模、技术、设备、管理等方面的情况，而且要突出其可靠、稳定、现代的企业形象）；确定广告媒介策略，选择针对目标公众的媒体；确定广告传播的时机。在公共关系广告的制作中，一要充分发挥创造性思维，使广告的形式新颖；二要利用名人效应，借助名人的声誉和信誉来增强公共关系广告的效果。

（3）小组策划和制作公共关系广告。

（4）全班举行"某公司公共关系广告策划评比会"，各小组分别展示广告，师生共同评选出最佳公共关系广告。

（5）教师总结、指导。

（6）评分标准：小组自我评分占 20％，学生互评占 50％，教师评分占 30％。

项目实训二：模拟新闻发布会

1. 实训目的

该活动的目的在于帮助学生了解企业新闻发言人的角色定位及功能，掌握企业新闻发言人应对问题的技巧，培养学生运用消息这一新闻体裁准确报道相关情况的能力。

2. 背景材料

记者在某餐馆后厨发现老鼠的踪迹，报道发布后，人们纷纷指责该餐馆。报道发布后 3 小时，该餐馆召开新闻发布会，发布对外声明，表达"这个错误我们承认，这些问题我们改正，犯错的员工我们教育，不会开除"的态度，并立刻停业整改。由此，"老鼠门"事件的处理方式得到了社会的认可，该餐馆整改后得以正常经营。

3. 实训设计

（1）学生 5 人一组，事先准备好要发布的新闻信息和书面材料，包括依照背景材料设计的新闻发布会的发言稿和提问方案以及依据背景材料撰写的新闻发布会策划书。

（2）由组内的两名学生模拟担任企业新闻发言人和发布会主持人，其他学生充当记者提问。教师和两名学生组成评委会评分。

（3）记者发言要踊跃、问题要尖锐，企业新闻发言人的回答要及时，分析要全面、透彻、有针对性。

（4）新闻发布会召开后，每组写一则关于"模拟新闻发布会"活动的消息。消息的重点为模拟新闻发布会活动本身，而不是事件的发布，标题自拟，字数在 800 字以内为宜，完成后交至教师处。

（5）教师对各组写的消息进行批阅后在下次上课时点评。

（6）评分标准：小组前期准备占 30%，学生新闻发布会表现占 50%，消息写作评分占 20%。

模块 5
公共关系实际操作方法

学习提示：

此模块所介绍的公共关系实际操作方法是公共关系理论在实践中的具体贯彻与运用。组织与公众之间的良好关系并非自发或自动产生的，而是需要经过长期的公共关系工作才能形成。公共关系既是一门科学，又是一门艺术，公共关系从业人员必须随机应变地选择以及熟练地运用各种操作方法，以收到事半功倍的效果。

项目 7　公共关系工作程序

【学习目标】

（1）知识目标：理解并掌握公共关系工作程序。

（2）技能目标：熟悉并掌握公共关系调查与策划的技能、公共关系实施与评估的技能。

（3）素质目标：培养公众利益优先的意识，对公共关系理念有进一步认识。

~~~~~~

引　例

南京城墙博物馆联合保利艺术博物馆圆明园兽首特展公共关系策划

　　南京城墙博物馆与保利艺术博物馆合作推出的"盛世聚首——圆明园兽首展览"于 2022 年 5 月举办，其海报及门票如图 7-1 所示。运抵南京的四大兽首为猴首、牛首、虎首、猪首。它们此前是圆明园内海晏堂前的水力钟构件，由宫廷造办处匠师精工制作，神态栩栩如生，历经风雨而不锈蚀，工艺水准极高。此次活动让观众近距离接触中华优秀文化遗产，增强文化自信，在新时代感知博物馆的力量。同时，活动有助于提升市民对组织单位的满意度，为今后更好地开展城墙保护等工作打下坚实的基础。

图 7-1　圆明园兽首特展海报及门票

~~~~~~

公共关系工作需要经历一个特定的操作过程，这个过程一般分为调查、策划、实施、评估 4 个步骤，又称"公共关系四步法"。调查是开展公共关系活动的基础，贯穿活动的全过程；策划是最为关键的一步，决定着公共关系活动的成败，体现了公共关系从业人员的策划能力；实施是体现实际效果的实践活动；评估是公共关系工作中的重要环节，也是开展后续公共关系工作的必要前提。本项目将分别介绍上述 4 个步骤。

7.1 公共关系调查

公共关系调查是开展公共关系工作的第一步，是做好公共关系工作的基础。其目的是考察组织自身、公众与社会环境的状况，探求公共关系事件的真相、原因及规律，为开展公共关系提供依据。

7.1.1 公共关系调查的定义

公共关系调查是运用一定的方法，有计划、有步骤地考察组织的公共关系状态，收集必要的资料，综合分析各种因素及相关关系，以掌握实际情况，解决组织面临的实际问题的一种社会实践活动。

？ 问与答

问： 作为公共关系调查的重要内容，组织形象主要通过什么指标来评价？

答： 组织形象可以通过知名度和美誉度这两个指标来评价。知名度表示一个组织被公众知道、了解的程度，社会影响的广度和深度。知名度侧重于对组织形象"量"的评价，调查相对比较容易。美誉度表示一个组织获得公众信任、赞美的程度，社会影响的好坏。美誉度侧重于对组织形象"质"的评价，调查相对较难。

精 选 案 例

公共关系顾问关心的问题

一家宾馆新设了公共关系部，开办伊始，该部门就配备了豪华的办公室、现代化的通信设备等，但部长却无事可做。后来，该部长请来了一位公共关系顾问，向他请教"怎么办"。于是这位顾问一连问了以下几个问题。

"本地共有多少家宾馆？总床位有多少？"

"在旅游旺季，本地的外国游客每月有多少，国内游客有多少？"

"贵宾馆的'知名度'如何？在过去3年中，花在宣传上的经费共有多少？"

"贵宾馆最大的竞争对手是谁？贵宾馆潜在的竞争对手是谁？"

"去年一年中因服务不周引起房客不满的事件有多少起？服务不周的症结何在？"

对于这些极其普通而又极为重要的问题，这位部长竟无法回答。于是，那位被请来的公共关系顾问说道："先搞清这些问题，再开展你们的公共关系工作。"

7.1.2 公共关系调查的基本方法

公共关系调查的基本方法主要有以下几种。

1. 文献调查法

文献调查法是调查者通过查阅各种文献，对媒体所传播的有关组织形象或组织发展的信息进行调查、统计、分析的一种间接的调查方法。

文献调查法包括文献收集、摘录信息、文献分析3个环节。文献调查法的优点是适用范围广，现存的文献种类很多，节省时间和费用。但它也有缺点：只能被动收集现有资料，不能主动提出问题并解决在市场决策中遇到的问题。

2. 访谈法

访谈法是指调查者通过与被调查者进行面对面的交流，加深对公众的了解以获取公共关系信息的一种调查方法。

访谈法适用于调查的问题比较深入、调查的对象差别较大、调查的样本较小，或者调查的场所不易接近等情况。

3. 问卷法

问卷法是调查者运用统一设计的问卷，向被调查者了解情况并收集信息的方法。其做法是用事先设计好的问卷，以询问的方式收集资料。

4. 观察法

观察法是指调查者在理论指导下，根据一定的目的，用自身的感觉器官或借助某些观察仪器和观察技术，对社会生活中人们的行为进行观察来收集资料的一种方法。观察法要遵循全方位原则和求实原则，以了解被调查者的自然反应、行为和感受。

5. 电话调查法

电话调查法是通过电话收集信息的方法，一般用于调查内容简单的事项以及较为熟悉的被调查者。

6. 网络调查法

网络调查法是通过互联网发布调查问卷来收集、记录、整理和分析市场信息的调查方法，一般针对那些对信息极为敏感、具备较强的信息收集和选择能力的网络用户群体。网络调查法成本低、效率高，但也有缺陷：一是很难对被调查者进行有效约束和监督，调查结果的真实性较差；二是从被调查者中随机抽样取得的调查结果可能与被调查者总体所持的观点有偏差，样本代表性不强；三是网上回答问卷的人一般在回答 25 个左右的问题后便会失去兴趣；四是资料安全性低，被调查者所填写的个人隐私和企业秘密容易被泄露。

7.1.3 公共关系调查的一般程序

公共关系调查的程序指的是对组织客观存在的公共关系现象进行科学调查的基本过程。公共关系调查的一般程序可以分为 5 个阶段，如图 7-2 所示。

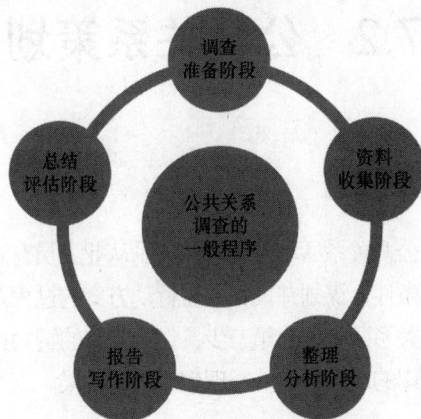

图 7-2　公共关系调查的一般程序

项目7　公共关系工作程序

125

1. 调查准备阶段

调查准备阶段的工作内容主要有 4 项：一是确定调查的目的、任务或选题；二是根据调查的任务选择调查对象，并让调查对象做好准备；三是收集有关知识材料；四是制订调查研究方案，准备实施调查。

2. 资料收集阶段

资料收集阶段也称为具体调查阶段，是整个公共关系调查过程中最为重要的阶段。

3. 整理分析阶段

整理分析阶段也称为研究阶段。它是运用科学的方法，对在资料收集阶段收集得来的各种调查资料进行提炼、整理，并加以分析、研究的信息处理过程。整理分析阶段能为解答组织的公共关系问题提供理论认识和客观依据。

4. 报告写作阶段

公共关系从业人员完成了调查资料的整理分析后，还要写调查报告。调查报告是用以反映公共关系调查所获得的主要信息成果或初步认识成果的一种书面报告。它是公共关系调查成果的集中体现，也是公共关系调查成果的重要形式，可供组织的领导者或公共关系部门的负责人参考使用。

5. 总结评估阶段

总结评估阶段是公共关系调查过程中不可缺少的重要阶段。通过总结评估，公共关系调查至少会有 3 个方面的收获：其一，了解本次公共关系调查的完成情况；其二，了解本次公共关系调查所取得的成果；其三，了解本次公共关系调查的经验教训。

7.2　公共关系策划

7.2.1　公共关系策划的定义

公共关系策划是指在公共关系活动中，公共关系从业人员有意识地根据组织整体的现状和目标要求，分析现有条件，谋划并设计最佳行动方案的过程。

公共关系策划是公共关系四步法的第二步，作为当前的智力行为，它是连接此岸的理想追求——现实形象与彼岸的成功硕果——理想形象的桥梁。

麦当劳在 2018 年年末推出了"金拱门金桶"这一新品，与此同时，还发起了"买金桶，送金桶，收获 2019 第一桶金"的活动。该活动规定，凡是在 12 月 26 日带上身份证来麦当劳的消费者，只要证明自己的名字里有"金"或"釒"字旁，就能享受买一送一的优惠。

麦当劳的此次公共关系策划塑造了怎样的企业形象？

7.2.2 公共关系策划的原则

公共关系策划是融入了公共关系思想的策划，是理论在公共关系活动中的具体运用，体现了策划和公共关系学科的理论与艺术实践的精华。公共关系策划的原则如图 7-3 所示。

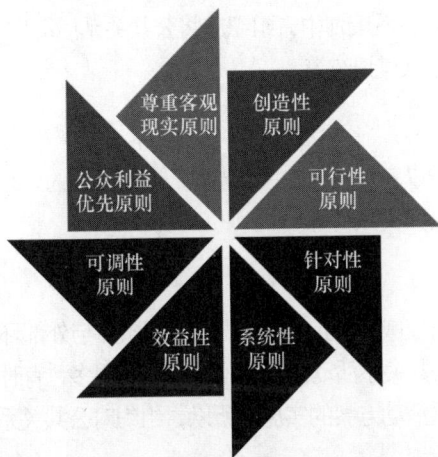

图 7-3 公共关系策划的原则

1. 公众利益优先原则

组织在开展公共关系策划活动时要遵循公众利益优先的原则，这是公共关系策划的首要原则。该原则不仅是公共关系工作的指导思想，也是公共关系从业人员应遵守的职业道德。在自身利益与公众利益产生矛盾时，组织也必须把公众利益放在第一位。

2. 尊重客观现实原则

尊重客观现实是公共关系策划的基本原则。公共关系学认为，先有事实，后有公共关系。公共关系策划要符合真实的社会生活，即策划的活动应符合当地当时的生活实际，还要严格遵守各项法律。当组织面临危机时，尊重客观现实原则尤其重要。

3. 创造性原则

创造性原则指公共关系策划必须打破传统、别出心裁。公共关系策划的创造性原则一方面体现为与自己以前的公共关系策划不同，另一方面体现为与其他组织的公共关系策划相比，自己在思路上有独到之处。

4. 可行性原则

公共关系策划受多种因素的制约，如本国政策、民俗、公众心理、消费者经济承受能力、主办单位的人力和财力、技术手段的可实际运作性、媒体或其他相关部门的合作意向等，所以，只有在现有条件下具有可行性的公共关系策划才是有价值的。

5. 针对性原则

公共关系策划是针对特定的活动主体和目标要求进行的，因此，组织只有通过设计实施有针对性的公共关系策划方案，才能实现公共关系策划的目标。

6. 系统性原则

系统性原则指在公共关系策划中，组织应将公共关系活动作为一个系统工程来认识，按照系统的观点和方法予以谋划统筹。

7. 效益性原则

公共关系从业人员要以较少的公共关系费用，取得较好的公共关系效果，达到组织的公共关系目标。

扫一扫案例讲解视频

来益，关机一小时

8. 可调性原则

计划一经制订就具有权威性。但由于组织的主观条件与外部环境随时都在发生变化，公共关系活动涉及的不可控因素很多，有时某些因素会制约公共关系活动方案的实施。所以，组织对公共关系活动的策划应留有可调整的余地。

想一想

美国平等生活保险公司打算在全国范围内发行一种宣传共同性疾病预防的小册子，因为他们了解到中低收入人群存在对疾病预防漠不关心的问题。这些人群受生活范围和文化素养水平所限，很难通过文字与外界沟通。于是，该公司决定改变原来的设想，将原先长篇的宣传文章改编成文风活泼、通俗易懂并附有详细图解的小册子。他们先印刷了 140 份，在一个居民区分发，以了解公众的反应，发现多数公众表示没有能力读懂这一宣传手册。于是，他们请专业的通俗文学作家将内容缩减到 3000～5000 字，使宣传手册更通俗易懂，终于使这次宣传策划活动获得了成功。

此项公共关系活动为何要调整原来的方案，如果不调整会有好的实施效果吗？

冰雕融化给人的警示

2009 年 9 月 2 日，由巴西艺术家内莱·阿泽维多创作，放置在德国柏林一座音乐厅前的台阶上的 1000 座人像冰雕被炎炎烈日晒化，如图 7-4 所示。

图 7-4　烈日下融化的冰雕

世界自然基金会举办这一活动的目的是提醒人们关注与地球上所有生命都息息相关的气候变化，警示人们全球变暖的恶果。这一活动没有采用以往口号宣传的模式，达到了良好的效果。由此可见，别出心裁的公共关系策划更加吸引人，也更能给人们留下深刻的印象。

7.2.3　公共关系策划的基本步骤

公共关系策划的基本步骤如图 7-5 所示。

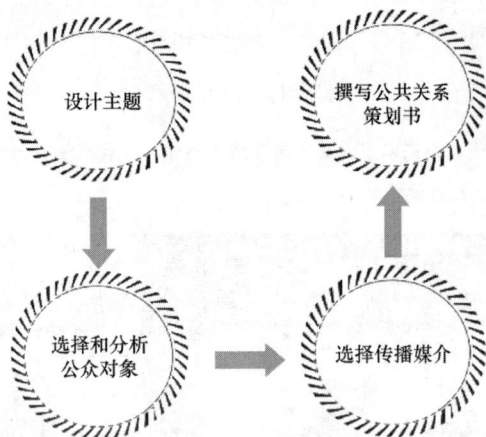

图7-5 公共关系策划的基本步骤

1. 设计主题

公共关系策划主题是对活动内容的高度概括，它提纲挈领，对整个公共关系活动起着指导作用。如果没有一个统一、鲜明的主题，那些历时较长、项目繁多的大型公共关系活动就不能成为一个有机统一的整体；主题设计得精彩、恰当与否，对公共关系活动的成效影响极大。

公共关系策划主题的表现形式多种多样。公共关系策划主题的设计应该做到"新颖、亲切、简明、中肯"。要达到以上目标，设计公共关系策划主题时一般要考虑4个方面。首先，公共关系策划主题必须与公共关系目标相一致；其次，公共关系策划主题要独特新颖；再次，公共关系策划主题的设计要适应公众的心理需求，能够打动人；最后，公共关系策划主题的设计要注意审美情趣，词句要生动形象、优美动人、好听好记、易于传播。

课堂讨论

2000年年底，由江苏移动通信有限责任公司南京分公司主办、《现代快报》等单位协办的大型有奖征文活动，有奖征集生活中关于"沟通"的感人故事，活动主题是"沟通从心开始"。中国移动的服务理念是"沟通从心开始"，此次活动致力于宣传企业文化中注重沟通、真诚服务的一面。征文活动的时间原定为2000年12月1日至2001年1月8日。截至2001年1月8日，公司经营部共收到文章3000多篇。《现代快报》连续选登了其中30篇佳作，一个个感人至深的故事、一段段牵动人心的感情在市民中引起强烈共鸣，一时间，南京市民争看《现代快报》。征文截止时间将近时，许多读者来电要求延长这一活动的时间，于是公司将活动延至2001年1月30日。

请从公共关系策划主题设计的角度分析此次征文活动产生良好效果的原因。

---

2. 选择和分析公众对象

公共关系策划必须有针对性地开展，因此，组织要对具体某次公共关系策划所针对的目标公众进行深入的分析。

第一要鉴别目标公众的期望和要求。互惠互利、满足公众的期望和要求应当被作为公共关系策划的依据之一。以企业为例，公众的期望和要求如表 7-1 所示。

表 7-1　公众的期望和要求

企业的公众对象	公众对象对企业的期望和要求
员工	就业安全和适当的工作条件，合理的工资和福利，培训和晋升的机会，了解企业的内情，社会地位、人格尊重和心理满足，不被上司专横对待，有能力的领导，和谐的人际关系，参与和表达的机会等
用户	产品质量保证，公平合理的价格，优良的服务态度，准确解决各种疑难或投诉，提供完善的售后服务，获取必要的产品技术资料及使消费者认可的各项服务，必要的消费教育和指导等
竞争者	由政府或本行业确立竞争活动准则，平等的竞争机会和条件，竞争中的相互协作，竞争中的现代企业家风度等
协作者	遵守合同，平等互利，提供技术和相关援助，为协作提供各种优惠和方便，共同承担风险，尊重各自的企业文化等
政府	遵守各项法律、政策，承担法律义务，保证缴纳各项税款，提供普遍服务，公平竞争，严守机密等
媒介	公平提供消息来源，尊重新闻界，有机会参加企业的重要社交活动，保证记者采访的独家新闻不被泄露，提供采访的便利条件等
社区	向当地提供就业机会，保护环境，关心和支持当地政府开展的活动，支持文化和慈善事业，赞助地方公益活动，以财力、人力、技术扶助地方小企业的发展等

第二要了解目标公众的特殊要求，并进一步根据他们的特殊要求来制定公共关系策划的特定目标。

3. 选择传播媒介

选择传播媒介时要考虑以下 4 种情况。一是根据公共关系工作的目标、要求选择。例如，想提高企业的知名度，可选择大众传播媒介。二是根据目标公众选择。要考虑目标公众的经济状况、受教育程度、职业习惯、心理特点、生活方式以及通常接收信息的习惯等。

三是根据传播媒介的特点和传播内容选择，如对于大型公共关系活动的盛况，采用电视转播和报纸新闻报道相结合的方式较好。四是根据经济条件选择。尽量以最少的支出办最多的事，获得最佳的效果。

4. 撰写公共关系策划书

公共关系策划经过论证后，要形成书面报告——公共关系策划书。公共关系策划书要做到严谨科学、详略得当。公共关系策划书的结构包括封面、正文和附件。

封面包括标题、策划人、完成时间。正文的第一部分是前言，写情况分析，说明制订方案的宗旨、依据、背景等；第二部分是主体，写活动目标、活动方式与内容、媒体策略、进度表、所需物品、活动场地安排、有关人员责任分配表、经费预算、评估方法等；第三部分是结尾，说明未尽事宜的处理方法，这部分是否呈现，可酌情而定。附件是与策划相关的背景材料或竞争对手情况等资料。

✐ 练一练

一份符合要求的公共关系策划书应该具备完整性、合理性等特点，需要遵循文案的简洁性、内容表述的写实性、结构的条理性和计划安排的周密性等要求，以确保公共关系工作的顺利进行。

试就某公共关系活动进行公共关系策划书草案撰写，然后请老师或有经验的专家（创意人员、策划人员、执行人员、组织负责人、文学工作者、财会人员、新闻记者等）对策划书进行综合评估。

7.3 公共关系实施

只有当公共关系付诸实践并经过验证，确实可以给组织带来收益时，公共关系策划的价值才能实现。因此，公共关系实施十分重要。

7.3.1 公共关系实施的定义

公共关系实施是将最后形成方案的公共关系策划书的内容变为现实的过程。

7.3.2 公共关系实施的内容

公共关系实施的每个阶段都有其独特的内容。

1. 公共关系实施的传播阶段

公共关系工作是有准备的工作，所以，公共关系从业人员在执行前期就需要主动地设想。这个阶段的主要工作包括严格地执行计划以及准备应对突然的变化。

公共关系计划从萌芽到成形，经历了一个周密思考的过程，一般来说，最后制订的计划是具有一定的科学性的。所以，公共关系从业人员在执行公共关系计划时，公共关系从业人员一定要坚决，不能情况稍有变化就改变对计划的执行力度。然而"计划赶不上变化"，所以，有时候为了应对急剧变化的形势，公共关系从业人员也要当机立断，临时改变计划，在不影响对原有计划框架的执行的同时，对具体细节加以适当改变。

想一想

展会中的演出，正常情况下只要计划安排的节目精彩，就能受到观众的欢迎，实现预期的公共关系目标。但有些露天的展会，往往会受到天气的影响，从而使演出效果大打折扣。这时只要应对得当，同样可以取得好的效果。例如，如果演出过程中下雨了，虽然可以中断演出，但如果此时主办方调来一批雨伞，现场发放给观众，可能会取得意想不到的效果。再如，2008年的春节，湖南电视台宣布将春节联欢晚会改为慈善晚会，因为他们身处受灾第一线，所以更清楚什么样的支持才是大家当下最需要的，他们的做法受到了观众的欢迎。

试举例说明公共关系从业人员在公共关系实施过程中如何随机应变，从而获得良好的公共关系效果。

---

2. 公共关系实施的反馈阶段

公共关系实施的反馈阶段就是检验传播效果的阶段。计划制订得好与坏，关键就看能不能得到公众的认可，反馈是实施过程中重要的一环，同时也是计划制订者非常关心的一个环节。组织在公共关系实施的反馈阶段，一是要注意反馈的沟通方式，要想办法得到公众真实的反馈信息；二是要注意反馈的及时性，公共关系工作有时可能只是处理小事情，但有时又关系着整个组织的形象，甚至组织的生死存亡，所以组织对于公众的反馈一定要及时处理，不能耽搁。

3. 公共关系实施的修正阶段

公共关系实施的修正阶段，也是实施过程的扫尾阶段。公共关系从业人员在第一时间得到了公众的反馈，也就为计划的成功实施扫清了障碍。组织在公共关系实施的修正阶段，一是要收集反馈信息，二是要总结效果，三是要进行计划的改进和反馈。以事实为基础，加以改进和反馈，有助于取得比预期更好的结果。

7.4　公共关系评估

公共关系评估是公共关系工作的最后一个阶段。组织可通过对公共关系工作的评估，总结成功的经验与失败的教训，为进一步开展公共关系活动提供依据。一般来说，公共关系评估的内容有两个方面：一是对公共关系工作成效的评估，二是对公共关系的具体手段、目的进行评估。

7.4.1　公共关系评估的定义

公共关系评估是指对公共关系计划的执行、实施情况进行检查、分析和总结，以便找出成功的经验和失败的教训，作为今后进一步开展公共关系活动的参考。

7.4.2　公共关系评估的程序

组织应按照一定的程序对公共关系活动的效果进行评估，这样才能保证公共关系评估不偏离方向，做到又快又好。

1. 建立合理的评估目标

评估目标主要是组织的公共关系目标。组织要以这一目标来衡量公共关系活动的效果。

2. 拟订评估提纲

评估提纲主要包括评估的基本目的和要求、评估要说明的主要问题、从哪些方面进行论证以及应收集哪些资料等内容。

3. 收集、反馈信息

信息是评估公共关系活动效果的基本材料，因此应该把公共关系活动中的信息，尤其是重要的信息以最快的速度、最准确的手段、最佳的方法反馈到公共关系部门。

4. 做好综合分析

把所需要的信息收集齐全后，就要对其加以整理分析，撰写评估结果报告。撰写评估结果报告时要注意"五忌"：一忌数据不准确，情况失实；二忌数据文字化，观点不鲜明，或者满纸陈述，没有数据、实例；三忌观点和材料不统一；四忌报喜不报忧；五忌"穿靴戴帽"，套话连篇。

✐ 练一练

公共关系评估本身是一项研究工作，需要根据具体情况采用恰当的方法。可选用的方法有很多，其中企业形象地位评估法较为常用。

企业形象地位评估法是指评估人员以企业知名度、美誉度作为基本变量，评估企业形象的方法。企业形象在社会中好与不好，取决于企业知名度和美誉度。首先，调查知晓企业的公众的百分比和在这部分公众中赞誉企业的公众的百分比；其次，以企业知名度和美誉度作为变量，组成二维坐标，根据企业在公众中的知名度和美誉度进行企业形象定位。

试为某企业进行形象定位。

📖 项目小结

公共关系进入较为成熟阶段的重要表现形式，就在于科学的公共关系工作程序的产生。"公共关系四步法"包括：调查、策划、实施、评估。内容主要包括以下几点。

（1）公共关系调查是运用一定的方法，有计划、有步骤地考察组织的公共关系状态，收集必要的资料，综合分析各种因素及相关关系，以掌握实际情况，解决组织面临的实际问题的一种社会实践活动。公共关系调查的基本方法：①文献调查法；②访谈法；③问卷法；④观察法；⑤电话调查法；⑥网络调查法。公共关系调查的一般程序：①调查准备阶段；②资料收集阶段；③整理分析阶段；④报告写作阶段；⑤总结评估阶段。

（2）公共关系策划是指在公共关系活动中，公共关系从业人员有意识地根据组织整体的现状和目标要求，分析现有条件，谋划并设计最佳行动方案的过程。公共关系策划的原则：①公众利益优先原则；②尊重客观现实原则；③创造性原则；④可行性原则；⑤针对性原则；⑥系统性原则；⑦效益性原则；⑧可调性原则。公共关系策划的基本步骤：①设计主题；②选择和分析公众对象；③选择传播媒介；④撰写公共关系策划书。

（3）公共关系实施是将最后形成方案的公共关系策划书的内容变为现实的过程。公共关系实施分为传播阶段、反馈阶段、修正阶段，每个阶段都有其独特的内容。

（4）公共关系评估是指对公共关系计划的执行、实施情况进行检查、分析和总结，以便找出成功的经验和失败的教训，作为今后进一步开展公共关系活动的参考。公共关系评估的程序：①建立合理的评估目标；②拟订评估提纲；③收集、反馈信息；④做好综合分析。

项目练习题

一、多项选择题

1. 调查准备阶段的工作内容主要有（   ）。
   A. 确定调查的目的、任务或选题　　　　B. 选择调查对象
   C. 收集有关知识材料　　　　　　　　　D. 制订调查研究方案，准备实施调查
2. 公共关系策划的原则有（   ）等。
   A. 组织利益优先原则　　　　　　　　　B. 尊重客观现实原则
   C. 创造性原则　　　　　　　　　　　　D. 可行性原则
3. 在公共关系实施的修正阶段所做的工作有（   ）。
   A. 收集反馈信息　　　　　　　　　　　B. 总结效果
   C. 进行计划的改进和反馈　　　　　　　D. 制订调查研究方案
4. 公共关系评估的程序包括（   ）。
   A. 建立合理的评估目标　　　　　　　　B. 拟订评估提纲
   C. 收集、反馈信息　　　　　　　　　　D. 做好综合分析

二、判断题

1. 公共关系的工作程序可分为调查、策划、实施、评估4个阶段，也称"公共关系四步法"。（   ）
2. 抽样是公共关系调查中的一项关键技术。（   ）
3. 公共关系策划的原则有尊重事实原则、创造性原则、系统性原则和可调性原则等。（   ）
4. 公共关系四步法体现了公共关系运作的计划性、系统性和动态性的特点。（   ）
5. 所有公共关系决策和行动，均以公众的利益为前提。（   ）

三、名词解释题

公共关系策划　访谈法　公共关系策划主题　公共关系评估

四、问答题

1. 简述公共关系调查的内容与方法。
2. 简述公共关系策划的原则。
3. 公共关系实施的内容是什么？
4. 撰写评估结果报告要注意什么？

案例分析题1

给猫挂铃铛

在一座古老的城堡里，生活着一群快乐的老鼠，他们在这里过着无忧无虑的日子。一只有学问的老鼠感叹说，这里简直就是老鼠的天堂。忽然有一天，尖厉的猫叫声打破了"老鼠天堂"的宁静。一只流浪的黑猫来到这里，给老鼠们带来了恐惧和灾难。于是，老鼠们在一起召开会议，商量怎样对付这只可恶的黑猫。这时，一只老鼠提议说，在猫的身上挂个铃铛，大家听到铃铛响，就可以立即遁洞而逃，这一提议立刻引来满场的叫好声。有一只老鼠突然问道："谁来给猫挂铃铛啊？"顿时全场一片寂静。

老鼠们策划的方案的主要问题是什么？请运用创造性思维思考其他办法。

案例分析题2

某中学公共关系策划

某中学新校长上任后，狠抓学校管理改革工作。他挑选精干教师担任各班的班主任，并制定了严格的管理制度；建立各年级教师定期交流机制，让大家献计献策；对学校行政人员提出严格的服务要求，对违反规定的人给予处分；把教学质量与教师利益挂钩，重奖成绩突出者。这样，在当年的中考和高考中，学校升学率在全市名列前茅，这立刻引起社会的关注：电视台、报社等纷纷报道，学生积极报名，生源成倍增长……校长对此非常冷静，他已经在想下一步的工作方案。

1. 该校公共关系策划有何特色？
2. 从公共关系战略上看，校长应该怎样确定工作方案？

项目实训

项目实训一：企业公共关系形象调查

学生对当地一家具有代表性的企业进行公共关系形象建设方面的调查，写出调查报告。

1. 实训目的

（1）培养学生运用公共关系工作程序知识进行调查的能力，加深对知识的理解，提高学习兴趣。

（2）掌握公共关系调查的方法和程序，学会撰写调查报告。

2. 实训设计

（1）全班学生分成10组，每组5~8人，以小组为单位做调查。

（2）调查对象是学生所在区域的某企业。

（3）分析该企业在公共关系形象建设方面存在的问题，设计一份不少于20个问题的调查问卷（针对消费者或内部员工）。

（4）完成一份不少于3000字的调查报告。

（5）教师评选出 2~3 份优秀的调查报告。

（6）全班开展针对本次公共关系调查的交流活动，针对调查过程中采取的方法及遇到突发问题的应对策略展开讨论；各组展示在调查过程中收集的书面材料、录音材料，以及调查结果统计的方法及发现的问题。

项目实训二：公司公共关系策划活动

某公司拟借某大型运动会召开这一时机策划公共关系活动，树立公司形象。请为该公司策划这一公共关系活动。

1. 实训目的

掌握公共关系策划活动的方法和实施技巧，并有针对性地选择适合该公司形象宣传的公共关系活动形式。

2. 背景材料

某大型运动会提出了三大理念：以运动员为中心、可持续发展、节俭办赛。该大型运动会商机无限，如何才能抓住商机？机会总是留给有准备的人，各行各业必须在该大型运动会到来前运筹帷幄。

3. 实训设计

（1）全班同学分成若干小组，每小组 5 人左右并选出组长。小组成员共同协作，通过互联网、报纸、杂志等途径收集相关资料（包括所选定企业的资料、北京冬奥会资料等）。

（2）小组讨论，确定公共关系活动的形式、目标、范围和拟投入经费等。

（3）小组撰写公共关系活动策划方案，并选出一名代表面向全班同学进行主题发言。

（4）教师总结、指导。

（5）全班举行针对本次公共关系活动策划的交流会，小组之间就策划方案展开讨论。

项目8 公共关系特殊活动

【学习目标】

（1）知识目标：了解公共关系专题活动的分类及实施的步骤。了解公共关系危机管理的定义，掌握公共关系危机管理的原则与方法。

（2）技能目标：掌握开展公共关系专题活动的方法，能够正确处理公共关系危机。

（3）素质目标：理解公共关系专题活动和公共关系危机管理对于改善组织公共关系状态的意义，增强社会责任感。

引 例

"逗鹅冤"事件

2021年6月30日，某IT企业（以下简称"A企业"）起诉某辣椒制品生产企业（以下简称"B企业"），请求查封、冻结该公司名下6240600元的财产。B企业发公告表示与A企业没有任何商业合作并报案。7月1日，贵阳警方通报案件侦破，是3名犯罪嫌疑人伪造B企业公司印章与A企业签署营销合作协议。此时，A企业于微博首先发声，以一句"一言难尽"对被骗过程进行说明，给公众一种"有苦说不出"的感觉。随后，A企业在B站的官方账号回应此事件，表示"今天中午的辣椒酱突然不香了"，引来支付宝、盒马、金山等一大波友商官号前来慰问。整件事被网友亲切地称为"逗鹅冤"事件。另外，A企业官方回应中还提到"欢迎广大网友积极提供线索，我们自掏腰包，准备1000瓶B企业的产品作为奖励"，此回应一是表达出欢迎通过网友监督来加强公司管理的意图，二是拉近了和公众的距离，三是委婉地向B企业表示了歉意。随即，A企业高管和旗下各个品牌转发该回应，并围绕A企业"你个憨憨"来集中发声，一个"憨憨"的企业形象出现在公众面前，可怜又略带可爱。通过一番"自嘲式"的危机公共关系工作，A企业不仅化解了尴尬，还获得了网民的同情及好感。

企业在运营的过程中偶尔会出现一些类似A企业与B企业这样的突发事件，良好的公共关系危机管理能够协调企业与外部公众的关系，维护企业良好的形象。

公共关系特殊活动，包括公共关系专题活动和公共关系危机管理。它有别于一般的公共关系活动，是组织与公众进行有目的的沟通的过程，往往需要组织综合运用各种传播方式、沟通方式强化传播效果，以产生广泛而深入的社会影响。本项目将介绍公共关系专题活动所涉及的主要内容，并阐述公共关系危机管理的相关内容。

8.1 公共关系专题活动

公共关系专题活动是指组织为实现某一特定的目的，通过策划和安排，举办的有较多有关人员参加的、主题明确的专门活动。举办公共关系专题活动的目的，是在人数较多的公开场合树立组织某方面特别突出的形象，以强化公共关系，扩大社会影响，进行定向的重点沟通。公共关系专题活动形式很多，限于篇幅，本节仅对主要的公共关系专题活动加以介绍。

8.1.1 庆典

庆典，也称庆祝典礼。在商务活动中，商务人员参加庆典的机会很多，既有可能是为本组织举行一次庆典，也有可能是应邀出席其他组织的某次庆典。

1. 庆典的定义

庆典是围绕重要节日或重要活动开幕等而举行的庆祝活动。就内容而论，庆典可以分为节庆、纪念活动和典礼仪式 3 类。

2. 组织庆典的注意事项

组织庆典是对公共关系从业人员的领导和组织能力、社交水平以及文化素养的检验。组织庆典的注意事项包括以下几个。

（1）确定庆典的主题，精心策划安排庆典，并进行适当的宣传。

（2）拟制出席庆典的宾客名单，一般包括政府要员、社区负责人代表、同行代表、员工代表、公众代表、知名人士、社团代表。

（3）确定庆典程序，一般为签到、宣布庆典开始、宣布来宾名单、致贺词、致答谢词、剪彩等。

（4）事先确定致贺词、致答谢词的人员名单，并拟好贺词、答谢词，贺词、答谢词都应言简意赅。

（5）事先确定参与剪彩、揭牌等仪式的人员，参与仪式的人员除本组织的领导外，还应有德高望重的知名人士。

（6）安排各项接待事宜，事先确定负责签到、接待、剪彩、摄影、录像、扩音等相关工作的人员。

（7）可在庆典中安排节目，如舞龙等；还可邀请来宾题词，以作为纪念。

（8）庆典结束后，可组织宾客参观本组织的设施、陈列等，创造对外宣传的机会。

（9）通过座谈、留言，广泛征求意见，并综合整理、总结经验。

8.1.2 展览展销

展览展销一般涉及大量的公共关系活动，往往会给公众留下深刻的印象。因此，展览展销是各组织塑造良好形象的好机会。

1. 展览展销的定义

展览展销是指通过实物并辅以文字、图形或示范性的表演来展现组织的成果，以塑造组织形象、促进产品销售的专题活动。展览展销的种类多样，具体包括博览会、展销会、展销交流会、交易会、贸易洽谈会、展示会、展评会、样品陈列等。

2. 组织展览展销的程序

组织展览展销的程序包括以下 10 个方面的内容。

（1）分析举办展览展销的必要性。

（2）确定展览展销主题和子题目。在复杂的展览展销内容中，组织首先要明确一个基本的主题，作为全局的纲领。其他子题目，必须围绕主题进行，目的是给公众留下鲜明、深刻的印象。

（3）确定展览展销类型和参展单位。展览展销类型可分为室内型或露天型、大型或小型、专题型或综合型等。参展单位可分为同类参展单位和不同类参展单位。一般用广告的方式征集参展单位。

（4）明确参观者的类型。参观者有参观型和专业型之分。一般组织要准备两套解说词：对于参观型的参观者，解说词要通俗易懂；对于专业型的参观者，介绍的资料应详细、深入，学术性要强。

（5）建立新闻媒体联络机构。新闻媒体联络机构的工作是对外发布新闻、与新闻界联络、挖掘展览展销的新闻热点和亮点、写作新闻稿件。

（6）编制展览展销预算。组织要具体列出展览展销的各项费用，进行核算，有计划地分配资金。一般情况下，展览展销预算包括 7 项：场地费、设计费、人工费、联络和交际费、宣传费、运输费、保险费。预算要留有余地，以防止突发事件发生。

（7）确定展览展销工作人员及其责任。组织展览展销时应设立领导机构并安排相关工作人员，包括产品介绍人员、团体订货室工作人员、迎宾礼仪小姐、广告及新闻报道人员，以保证人员分工明确、责任到位。

（8）做好工作人员的培训。解说员、接待员、服务员等的工作质量将直接影响展览展销的质量和效果，组织必须对其进行现场培训，使其熟悉工作和环境，能应对各种特殊情况。

（9）公共关系活动安排。组织应想方设法运用公共关系知识，将展览展销办得生动活泼、别具一格，如邀请有关知名人士出席，并为公众签名。最佳的展厅位置一般在一楼的入口附近；如果展厅在不好的位置，组织应设法以一些新奇事物来吸引公众。

（10）做好事后效果测定。组织可采取问卷调查、统计参观人数、计算销售利润、有奖问答等多种方式来开展该项工作。

❓ 问与答

问：为办好展览展销，组织需要成立专门对外发布新闻的机构，请问它的工作内容是什么？

答：新闻发布机构的工作内容包括：在展览展销日期、地点确定后，举办记者招待会发布消息，邀请新闻界人士参加开幕式，以使其尽可能多地在报刊、广播、电视上报道开幕式的消息和实况。这样做可以在展览展销开始之前就产生较好的宣传效果，也可以吸引更多的参观者。公共关系从业人员要安排好新闻发布室，并准备新闻报道所需的各种辅助宣传材料，要与新闻媒体加强联系。在展览展销期间，新闻发布室应自始至终开放，随时收集参观者及展览展销的有关信息，并与新闻媒体保持密切联系。

8.1.3　新闻发布会

新闻发布会是组织与新闻界建立和保持联系的一种较正规的形式，在公共关系专题活动中较为常见。

1. 新闻发布会的定义

新闻发布会是指组织为直接向新闻界发布有关组织的信息、解释组织重大事件而举办的活动。

2. 举办新闻发布会的注意事项

举办新闻发布会是为了迅速地传递组织的信息，具体需要注意以下事项。

（1）确定有新闻价值的主题

在决定举办新闻发布会之前，组织应确定有新闻价值的主题，而且主题应集中、单一，新闻发布会不能同时发布几个不相关的主题。

（2）确认发布新闻的最佳时机

组织选择举办新闻发布会时机的原则，一是要及时，尤其是发生与组织形象有关的突发事件时；二是要注意避开重大节日和社会活动。

新闻发布会的日期选定后，组织要提前3～4天派专人将请柬送到受邀的记者手中，不能邮寄，以免发生丢失和滞后收到请柬的现象；如果要求外地记者到场，最好提前一个月，最迟提前半个月寄出请柬，并于会前 3~4 天电话通知，以保证受邀的记者都能参会。

（3）挑选发言人

　　如果组织没有专职的企业新闻发言人，那么发言人原则上应由总经理或厂长等组织主要负责人担任，因为他们能够准确地回答有关组织的方针、计划、生产、经营等重大问题。主要发言人应头脑机敏、口齿清楚，具有较强的口头表达能力。

（4）真诚主动地对待记者

　　与新闻界合作时切不可因为自己的组织在社会上有了一定的声誉就趾高气扬，认为记者会有求于己。公共关系从业人员必须时刻牢记记者公众的双重性特征，应尽量满足他们的合理要求。

先参观新车展览，然后参加由奔驰公司 CEO 主持的新闻发布会；第二天早上 8 点，记者再驾车从另一条以高速公路为主的道路返回，中午到达斯图加特机场，然后回国。四是注意收集记者反馈。奔驰公司注意抓住同记者交谈的机会。试车结束后，奔驰公司又与部分记者举行座谈会。五是服务细致。奔驰公司通过新闻发布会，让世界更好地了解了奔驰公司及其新车。

请问为什么此次新闻发布会给记者们留下了深刻的印象？

8.1.4　赞助

赞助意为支持并协助。赞助既可以为社会公益事业的顺利进行提供保障，同时又可以为各类组织的不断发展创造和谐的社会环境，如组织能在公众中获得良好的声誉、能得到政府的肯定等。

精选案例

宝马赞助

2020 年，线下体育赛事纷纷停办，4 年一度的欧洲杯和奥运会等大赛延期，拥有"互联网基因"的电竞赛事在这一特殊时期却逆流而上，随着英雄联盟、王者荣耀、Dota2 等主流项目的电竞赛事开启，2020 年 4 月著名汽车品牌宝马一次性与韩国 LCK 赛区 T1 俱乐部、欧洲 LEC 赛区 G2 俱乐部、美国 LCS 赛区 Cloud9 俱乐部、欧洲 LEC 赛区 Fnatic 俱乐部、中国 LPL 赛区 FPX 俱乐部这 5 家电竞俱乐部达成合作。

车企"偏爱"英雄联盟赛事。宝马与 5 家电竞俱乐部的合作包括提供战队专车、社交媒体造势、队服广告位赞助以及合作内容产出。由于宝马本次签约的这 5 家电竞俱乐部集中在英雄联盟项目上，并且与 5 家俱乐部的合作内容基本一致，因此本次签约被认为是宝马主要针对英雄联盟的营销举动。不少网友戏称"宝马想要押宝 S10 冠军战队"。5 家俱乐部也发布了颇具特色的合作车款。每款车都依照俱乐部专属配色与风格打造，双方合作主题也呈现"电竞无国界"的概念及全球电竞赛场公平竞技的精神。

汽车品牌赞助电竞赛事已成常态。宝马并非首次涉足电竞产业，2017 年他们曾是英雄联盟 LCS 2017 夏季总决赛的官方合作伙伴，宝马此次赞助电竞俱乐部的事宜早在 2019 年就已经谈好。宝马投身电竞领域的初衷，是想成为全球体育电竞项目值得信赖的合作伙伴，并为电竞行业创造实实在在的价值。这一次令人瞩目的大举措满足了品牌的曝光需求，促进了企业形象的高效传播。由于电竞大赛的观众年轻化，宝马可以通过培养与未来公众的良好感情，提前锁定自己的消费群体，从而帮助自己获得经济效益和社会效益。

1. 赞助的定义

赞助是指组织通过无偿地提供资金或物质对各种社会公益事业作出贡献，以提高组织的社会声誉，树立良好的组织形象的公共关系专题活动。

2. 赞助的基本原则

赞助是一种技术性和政策性很强的公共关系宣传活动，开展赞助活动必须遵循以下基本原则，如图8-1所示。

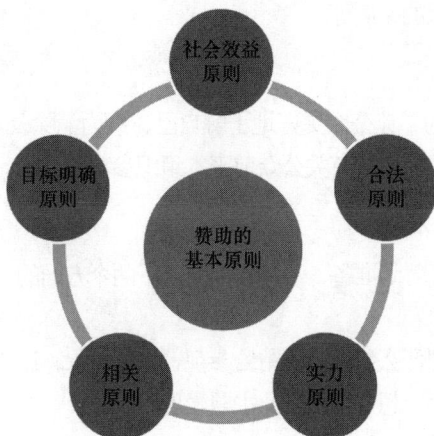

图 8-1　赞助的基本原则

（1）社会效益原则

组织开展赞助活动的目的是树立组织的社会形象，表明组织积极承担社会责任和义务的态度。因此，必须着眼于社会效益，以获得公众的普遍好感。一般来说，组织应优先赞助社会慈善事业、福利事业、教育事业和公共设施的建设。

（2）合法原则

合法原则是开展赞助活动的基本要求。组织开展赞助活动时必须遵守党和国家的政策法律，而不能违背政策法规，利用赞助活动搞不正之风。

扫一扫案例讲解视频

蒙牛赞助中国足球
案例分析

（3）实力原则

一般来说，组织开展赞助活动时应当量力而行，根据自身经济实力和市场发展战略，支出合理的赞助经费。赞助经费的数额，必须在组织能够承受的范围之内，同时又要达到一定的额度，以形成较大的影响力。

（4）相关原则

组织赞助的活动对象应当与公众生活或自己的经营内容相关联。例如，运动饮料品牌赞助体育事业，对于这样的赞助活动，组织既可提供经费，又可提供饮料，实惠方便，容易达到公共关系宣传的良好效果，强化组织的品牌形象。

（5）目标明确原则

组织所赞助的项目须符合本组织的特点和满足本组织的需要，有利于提高本组织的社会影响力，或扩大业务领域。

8.1.5 开放参观

开放参观是组织将内部有关场所和工作程序对外开放的活动。参观者可以是新闻工作者、消费者、本组织员工的家属等。

1. 开放参观的定义

开放参观是指组织为了让公众更好地了解自己，或为消除公众对本组织的某些误解，由公共关系部门负责组织和邀请有关公众前来本组织参观的活动。

2. 开放参观的筹划准备

开放参观活动应认真筹划准备，一般要注意以下两个方面的问题。

（1）明确目的

组织开放参观要达到什么效果，要留给参观者什么印象，这些问题都与公共关系活动的主题有关，确定主题后应想方设法将此主题表现出来。

（2）精心准备

参观工作有条不紊、卓有成效地进行，也是体现组织严谨务实风格的一个重要方面。公共关系从业人员应当事先做好准备，对每个环节、每个具体活动都应妥当安排，如安排参观的时间、安排参与活动的人员、确定参观路线、发放介绍性资料、放映视听材料、安排观看模型、安排观看生产现场、赠送活动纪念品等，尽量做到无一疏漏。公共关系从业人员还要在实际活动的过程中，做到灵活机动，得体地应对突发事件，以保证开放参观活动顺利进行。

3. 开放参观的注意事项

为了使开放参观取得良好效果，公共关系从业人员要注意以下事项。

（1）开放参观的规模

公共关系从业人员要提前确定开放参观的规模，从而做出相应的安排。如果只是少数几个人参观，可以陪同他们到几个部门去，并向他们介绍情况，赠送资料和纪念品等；如果是较大规模的团体参观，应制订一个计划，安排好接待次数、每次参观人数和开放时间等。一次接待 15 个人，每天接待 2~3 次，有专人陪伴并进行讲解介绍，回答参观者所提出的问题，这样的安排比较恰当。

（2）开放参观的时间

公共关系从业人员不但要考虑开放参观的时间，而且要考虑整个活动所需的时间。将开放参观的时间安排在一些特殊的日子为好，如周年纪念日、企业开工日、节日等。

公共关系从业人员要有足够的时间准备开放参观活动。规模较大的开放参观活动需要 3~6 个月的准备时间；如果还要准备大规模的展览会、编印纪念册或其他特别节目，则所需时间更多。这时就需要注意时间安排的合理性，要尽量避开假期，并考虑天气、季节的变化等因素。

（3）开放参观的人员安排

从有开放参观的构想起，一直到活动结束，都应有高层主管人员参与此事。组织开展大型的开放参观活动，应当成立一个专门的活动筹备委员会。委员会成员应包括组织领导、公共关系从业人员、行政部门和人事部门的人员等。组织还要根据参观者参观的目的来选择陪同的人员，如果参观者参观的目的是了解服务或产品，那么组织还要请销售部门的人员参加。

（4）准备宣传材料

公共关系从业人员要准备一份简明易懂的宣传材料，在参观前发给参观者。

（5）规划参观线路

公共关系从业人员要提前规划好参观线路，以防参观者越过参观范围，出现麻烦和事故。

（6）做好接待服务工作

公共关系从业人员要对参观者应热情周到，做好接待工作，如安排合适的休息场所和备好茶水饮料；需要招待用餐的，也要事先做好安排；如果邀请的参观者有儿童，则更要特别小心，要准备点心、休息场所、必要的盥洗设备等，也可给儿童送一些印有介绍组织的资料的玩具。

8.1.6　公共关系谈判

相关的利益群体就涉及双方共同利益的有关"标的物"进行协商，最终达成一致的过程，就是公共关系谈判。

1. 公共关系谈判的定义

公共关系谈判是指双方或数方组织就一项涉及各方利益的问题，通过协商，经反复调整各自的目标，在满足各方利益的前提下取得一致意见的过程。

精选案例

老罗谈判获利

某汽车公司是世界上最大的汽车公司之一，曾经起用了一个叫老罗的采购部经理，他上任半年，就为该汽车公司增加了 20 亿元的净利润。他是如何做到的呢？汽车是由许多零部件组成的，其大多是外购件，老罗在上任的半年时间里只做了一件事，就是把所有供应配件的厂商请来谈判，他说："我们公司信用这样好，用量这样大，所以我们认为，现在要重新评估价格，如果你们不能给出更好的价格，我们打算更换供应的厂商。"这样的谈判成功之后，老罗在半年的时间里就为该汽车公司节省了20亿美元！

2. 公共关系谈判的原则

公共关系谈判的原则是指在谈判过程中，谈判各方必须遵守的思想和行为准则。公共关系谈判的原则如图8-2所示。

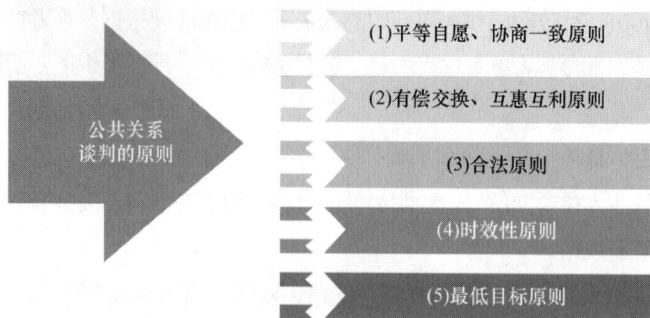

公共关系谈判的原则

- (1) 平等自愿、协商一致原则
- (2) 有偿交换、互惠互利原则
- (3) 合法原则
- (4) 时效性原则
- (5) 最低目标原则

图8-2　公共关系谈判的原则

（1）平等自愿、协商一致原则

谈判是智慧的较量，谈判桌上，唯有确凿的事实、准确的数据、严密的逻辑和艺术的手段，才能将谈判引向自己所期望的方向。以理服人、不盛气凌人是谈判中必须遵循的原则。

（2）有偿交换、互惠互利原则

人们在同一事物上所需求的利益不一定就是矛盾的关系，他们很可能在利益的选择上有多种诉求。例如，两个人争一个橘子，最后协商的结果是把橘子一分为二，第一个人吃掉了分给他的一半橘肉，扔掉了橘皮；第二个人则扔掉了橘肉，留下橘皮制药。如果采用将橘子分为橘皮和橘肉两部分的方法，则可以最大限度地保证两个人的利益。认为谈判各方所想获取的利益是对立的传统观念是片面的。现代的谈判观点认为，在谈判中每一方都有各自的利益，但每一方的利益并不是完全对立的。谈判的一个重要原则就是协调各方的利益，提出互利性的选择方案。

（3）合法原则

合法原则在公共关系谈判中是毋庸置疑、必须遵守的。在谈判的过程中，各方不仅要遵循本国的法律和政策，还要遵循国际法则，尊重别国的有关法律规定。公共关系谈判中所签署的协议，只有在合法的情况下才具有法律效力，才能保障谈判各方的合法权益。

（4）时效性原则

公共关系谈判的时效性体现在质与量两个方面。所谓质，是指要抓住时机，该出手时就出手；所谓量，是指在谈判中快者败，慢者胜，要注重谈判位置。

（5）最低目标原则

最低目标是在公共关系谈判中，某方必须达到的目标。它与最优期望目标之间有着必然的内在联系。在公共关系谈判中，某方一开始要价高，他往往提出的是最优期望目标，实际上这是一种策略，这样，最后实现的目标往往超过对方的最低目标，或刚好达到对方的最低目标。

3. 公共关系谈判的模式

相同模式的公共关系谈判具有相同的特点，谈判者了解并把握公共关系谈判的基本模式以及各个模式的特点，可以不被公共关系谈判千变万化的形式所迷惑，有利于理解公共关系谈判操作技巧的针对性，更好地发挥谈判技巧的作用。从谈判的历史发展过程看，谈判模式不外乎传统谈判模式和现代谈判模式两种。

（1）传统谈判模式

传统谈判模式是指谈判的一方维护自己的立场，另一方则极力迫使对方做出让步，改变立场，最后一方或双方妥协并达成协议，否则谈判破裂。传统谈判模式如图 8-3 所示。

图 8-3　传统谈判模式

传统谈判模式是一种此消彼长的压迫式洽谈，这种谈判的结果或者是达成协议，或者是不欢而散，不利于建立长期稳定的协作关系。

（2）现代谈判模式

现代谈判模式实质上是一种互惠的谈判模式，它是指谈判双方在了解自身需要的同时，也探寻对方的需要，在此基础上，与对方共同探寻满足双方需要的各种可行途径和方案，并最终决定是否采取其中一个或数个途径或方案，以达成协议。现代谈判模式如图 8-4 所示。

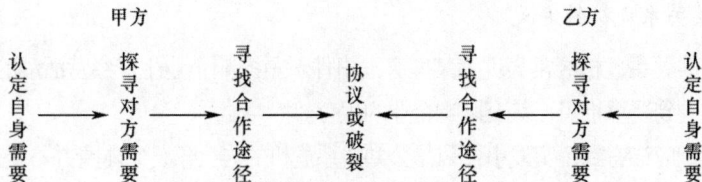

图 8-4　现代谈判模式

（3）两种不同谈判模式的谈判者区别

两种不同谈判模式的谈判者区别如表 8-1 所示。

表 8-1　两种不同谈判模式的谈判者区别

传统谈判模式下的谈判者	现代谈判模式下的谈判者
把对方看作敌人	把对方看作合作者
追求的目标：单纯地满足自身的需要	追求的目标：在顾及效率及人际关系的情况下满足自身的需要
不信任对方	对对方提供的资料采取审慎的态度
对对方和谈判主题均采取强硬态度	对对方温和，但对谈判主题采取强硬态度
以自身受益作为达成协议的条件	探寻双方共同利益
给对方施加压力	讲理但不屈服于压力

8.2　公共关系危机管理

公共关系危机管理是一种特殊状态下的公共关系实务，是组织的一项极为重要的管理活动。组织需要了解公共关系危机，以及公共关系危机管理的目的。下文以企业为例进行说明。

8.2.1　公共关系危机简介

如何认清公共关系危机，并进一步采取有效的公共关系危机管理措施已经成为企业进行公共关系危机管理的重要问题。下面将介绍公共关系危机的相关知识。

1. 公共关系危机的定义

企业公共关系危机经常表现为某些突发事件严重影响企业生产经营活动的正常进行，使企业形象受到严重损害，甚至影响企业的生存。

然而我们应该看到，突发事件只是公共关系危机的导火索，它本身并不是公共关系危机产生的原因。它包括企业问题潜伏尚未爆发时的情形和发生一些突发事件使公共关系危机显现的情形。美国公共关系危机处理专家菲克认为，公共关系危机有五大征兆：一是企业遭遇的问题日益严重，二是受到新闻界和政府的密切监督，三是影响企业的正常运营，四是损害企业及企业主管的良好形象，五是影响企业的生存。

企业若出现了上述征兆，就要立即采取措施，控制局势，以免问题进一步恶化，并努力化解公共关系危机。

2. 公共关系危机的类型

按性质来划分，公共关系危机可分为以下几种类型，如图 8-5 所示。

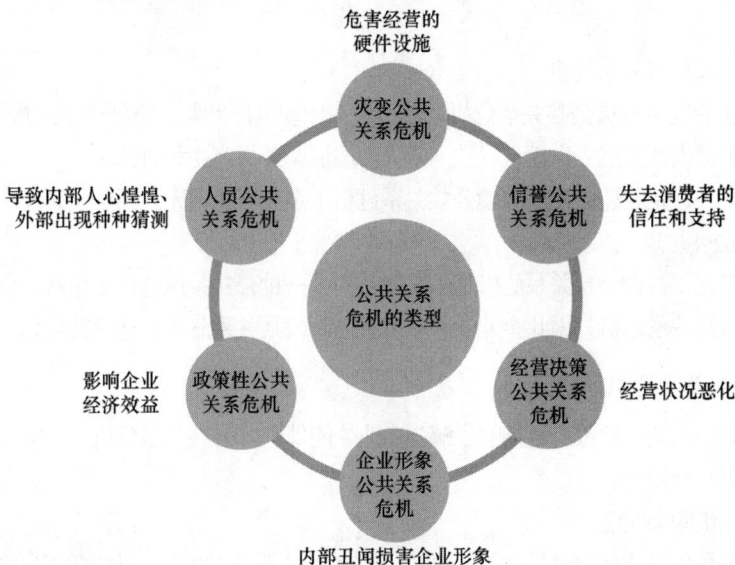

图 8-5　公共关系危机的类型

（1）灾变公共关系危机

灾变公共关系危机是由自然灾害和不可抗的社会灾乱所造成的公共关系危机，如受山洪、雷电侵袭或战争爆发使企业的正常运营受到影响而引发的公共关系危机。这种公共关系危机主要危害经营的硬件设施，对企业声誉的影响较小。

（2）信誉公共关系危机

信誉公共关系危机是指企业信誉受到严重损害而引发的公共关系危机。这种公共关系危机是由企业不能履行合同或产品质量低劣，危害消费者利益而造成的。

（3）经营决策公共关系危机

经营决策公共关系危机多是企业领导决策失误或管理不当造成的。其出现的原因多是企业长期存在着经营决策上的失误，经过一段较长的潜伏期后爆发。企业若不立即变革，将导致经营状况极度恶化。

（4）企业形象公共关系危机

企业形象公共关系危机多指企业内部出现丑闻而使企业形象受到严重损害的公共关系危机。例如，企业被指控偷税漏税、违反《中华人民共和国反不正当竞争法》，或企业领导被查出有贪污受贿、挥霍浪费、泄露企业机密等问题，使企业在公众心目中的形象一落千丈。

（5）政策性公共关系危机

政策性公共关系危机指国家政策调整使企业受到冲击，严重影响企业正常生产经营。在国民经济发展的过程中，国家对各行各业的建设、管理和经营制定了一系列的方针政策，政策的变动对企业的影响巨大，如出台赋税法令、就业劳动法令、营建法令、环保生态法令等。

（6）人员公共关系危机

企业还会发生人员公共关系危机，如负责人出现健康问题、重要干部出现健康问题，或者企业关键人物突然去世等，导致内部人心惶惶、外界产生种种猜测。

除此之外，企业还会发生环境公共关系危机（企业有意或无意污染了环境，新闻界和政府对企业问责）等。

一般来说，各种公共关系危机是相互关联的，一种公共关系危机发生后，会引发另一种相关的公共关系危机，因此企业要采取措施遏制公共关系危机，避免其蔓延。

3. 公共关系危机的特点

只有对公共关系危机有透彻的了解，企业才能处理好公共关系危机。公共关系危机主要具有以下几种特点。

（1）危机的突发性

公共关系危机往往突然发生，企业毫无准备的情况下发生的，因此常使人措手不及，给企业造成一定程度的混乱。

（2）事态的变化性

促使公共关系危机发生变化的因素比较复杂，让人难以把握规律，无法事先预料，所以公共关系危机处理的难度较大。

（3）后果的严重性

公共关系危机一旦产生，对企业、社会都会造成一定的损害。对企业而言，公共关系危机会使企业的经济效益损失巨大，社会形象受到重创，甚至导致毁灭性的后果；对社会而言，公共关系危机会给公众带来恐慌，有时还会给社会造成直接的物质损失，如有害物质的排放对人体造成伤害或对环境造成不可逆转的破坏。

（4）公众的敏感性

公共关系危机事件的内容往往和公众的生活有直接关系，尤其当公共关系危机事件涉及食品安全、人身安全时，危机的爆发及事态的发展情况会成为备受新闻媒体和社会大众关注的热点话题，此时企业处理公共关系危机的态度及方式格外重要。

（5）事件的余波性

公共关系危机爆发给企业造成的信誉及经济损失很难在短期内恢复。所以经历过公共关系危机的企业一方面要对公共关系危机处理的效果进行评估，进一步做好总结工作；另一方面要精心维护形象，避免再次陷入公共关系危机。

8.2.2 公共关系危机管理的定义和目的

公共关系危机对企业来说既可以是挑战，也可以是机遇，关键是企业能否正确地进行公共关系危机管理。

1. 公共关系危机管理的定义

公共关系危机管理又称风险管理，属于矫正型公共关系或补救型公共关系，是因公众误会或企业的失误而给公众造成损失，以致企业自身的形象受损时，企业为恢复和巩固公众的信任而采取的一切有效的公共关系手段的总称。

公共关系危机无处不在，无时不在，企业应当树立公共关系危机管理意识，防患于未然。

2. 公共关系危机管理的目的

公共关系危机管理的目的如图 8-6 所示。

图 8-6　公共关系危机管理的目的

（1）预防与控制公共关系危机

预防与控制公共关系危机是成本最低、最简便的公共关系危机管理方法。企业应根据经营的性质，识别整个经营过程中可能存在的风险，并从潜在的事件及其潜在的后果中追根溯源，排查出风险滋生的"土壤"，然后收集、整理所有可能的风险并充分征求各方意见，形成系统全面的风险列表，从而对这些可能导致公共关系危机的因素进行处理，并有针对性地练习"内功"，增强"免疫力"，以达到预防公共关系危机的目的。

（2）建立公共关系危机管理体系

企业应建立应对公共关系危机的机构，并制定公共关系危机管理的制度、流程、策略和计划，从而确保在公共关系危机汹涌而来时能够理智冷静、胸有成竹地应对。

（3）解决公共关系危机

解决公共关系危机主要是指通过公共关系手段阻止公共关系危机的蔓延并消除公共关系危机。例如，建立强有力的公共关系危机处理班子；有步骤地实施公共关系危机处理策略；消除公共关系危机给企业造成的不良影响，尽快恢复企业或品牌的形象；重获员工、社会大众、媒介以及政府对企业的信任。

（4）在公共关系危机中发展

公共关系危机管理的最高境界就是总结经验教训，让企业在事态平息后焕发活力。英特尔公司前 CEO 安迪·格鲁夫曾这样说："优秀的企业安度公共关系危机，平凡的企业在公共关系危机中消亡，伟大的企业在公共关系危机中发展自己。"

（5）履行企业的社会责任

作为社会中的一员，企业卓有成效的公共关系危机管理将促进社会的安定与进步。反之，如果公共关系危机处理不当，企业将成为社会的负担，并给社会带来不可估量的危害。

8.2.3　公共关系危机管理的原则与方法

公共关系危机管理就是要在偶然性中发现必然性，把握公共关系危机发生的规律，通过掌握及运用公共关系危机管理的原则与方法，尽力避免公共关系危机所造成的危害和损失，并且在公共关系危机中发现有利因素，缓解矛盾，化害为利，推动企业的健康发展。

1. 公共关系危机管理的原则

公共关系危机管理的原则如图 8-7 所示。

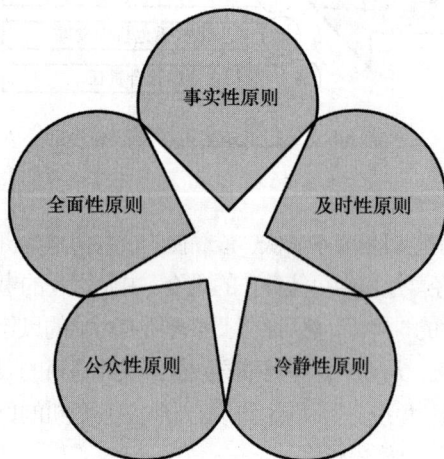

事实性原则

及时性原则

全面性原则

公众性原则

冷静性原则

图 8-7　公共关系危机管理的原则

（1）事实性原则

事实是公共关系的基础。企业面临公共关系危机时应当遵循事实性原则，勇敢承认错误，并且知错就改。

（2）及时性原则

诺·R. 奥古斯丁说："我自己对公共关系危机的最基本的经验，可以用 6 个字概括，即'说真话，立刻说'。"真诚道歉、主动与揭自己短处的媒体修好、给消费者一个满意的答复、让员工了解情况、鼓舞士气等工作必须在第一时间去做，这样才能尽早控制事态，

公共关系实务（附微课）

减少对企业形象的损害。

（3）冷静性原则

公共关系危机往往突然袭来，此时，以企业领导为主的公共关系危机处理人员首先应当保持镇定，临危不乱，公开发表声明，并且在声明中保持冷静、坦率和前后一致，这样才有助于恢复企业的正面形象。

（4）公众性原则

任何时候公众的利益都是第一位的，那种单纯注重自身利益而无视公众的利益，坚持欺瞒公众的态度和做法是极其错误的，企业若如此则无法得到公众的谅解和支持。当初，埃克森美孚公司正是因此而将公共关系危机转化为公共关系灾难的，任何违背公众性原则的公共关系危机处理态度都将重蹈其覆辙。

（5）全面性原则

处理公共关系危机时，既要考虑内部公众，又要考虑外部公众；既要注意现在的影响，又要预见未来的或潜在的影响。诺·R.奥古斯丁指出："要尽一切努力避免你的企业陷入公共关系危机；一旦遇到公共关系危机，就要接受它、管理它，并努力将你的视线放长远。"所以在处理公共关系危机时，企业既要着眼于公共关系危机事件本身的处理，又要立足于企业形象的维护和塑造，不能头痛医头，脚痛医脚，要从全面的、整体的高度来进行公共关系危机管理。

2. 公共关系危机的预防

公共关系危机的预防是企业主动出击，应对公共关系危机的有效手段。公共关系危机的预防如图8-8所示。

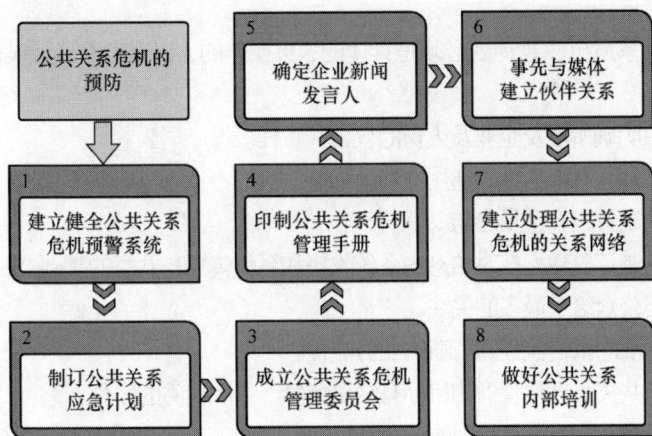

图8-8　公共关系危机的预防

（1）建立健全公共关系危机预警系统

企业首先要建立健全公共关系危机预警系统。公共关系危机预警系统是指运用电子系

项目8　公共关系特殊活动

统或指标性系统，将有关公共关系危机事件过去和现在的数据、情报、资料等进行登记、汇总、整理、分析，运用一定的技术手段和方法，对有关公共关系危机事件可能造成的相关环境影响、事件发展趋势和演变规律等做出估计和判断，在可能发生公共关系危机时发出准确的警示信号，使政府、公共组织或民众能提前了解，以便及时采取相应的对策，从而阻止公共关系危机的发生或化解其一系列影响。

✏️ 想一想

2008 年"5·12"汶川地震中，多少楼房倒塌，多少鲜活的生命来不及逃生被压在废墟中，但被称为"史上最牛校长"的叶志平以"我们学校，学生无一伤亡，老师无一伤亡"的自豪言语被载入史册。这所学校与"5·12"汶川地震伤亡最为惨烈的北川羌族自治县毗邻。这所没被"震倒"的学校，4 年来坚持组织学生进行紧急疏散演习，从不间断。即使有人对这种演习有非议，叶志平校长也不理会，一直坚持下去。从全体老师到每一位学生，他们对危机发生时自己的角色都非常清楚，对逃生的步骤谙熟于心，每个楼梯拐角、每个楼层都有老师把守和检查。地震发生后，全校 2200 多名学生、上百名老师，各司其职，从不同的教学楼和不同的教室中全部冲到操场上，以班级为单位站好，用时 1 分 36 秒，无一伤亡。令人震惊的是，此次逃生的过程、模式及结果与演习时几乎一模一样，创造了"5·12"汶川地震中的一大奇迹。

我们可以从叶志平校长那里学到什么可贵的经验？

（2）制订公共关系应急计划

企业要树立全员公共关系危机意识，建立公共关系危机预警机制，完善公共关系危机应急计划。

① 公共关系危机应急计划必须是具体的、可操作的，语言应准确无误，无模棱两可之词。

② 计划应明确所涉及企业及人员的权力和责任。

③ 计划必须具有灵活性、通用性和前瞻性。

④ 计划的制订应该全员参与。

⑤ 计划的制订应建立在对信息的系统收集和系统传播与共享的基础上。

⑥ 对首要公众给予最多的关注。

⑦ 应有标准的报告流程和清晰的业务流程。

⑧ 应对公共关系危机管理的目标有轻重缓急、主次优劣的区分。

⑨ 必须有公共关系危机管理的预算。

⑩ 应定期对计划进行检查及更新。

（3）成立公共关系危机管理委员会

成立公共关系危机管理委员会是顺利处理公共关系危机的组织保证。公共关系危机管理委员会的人员应包括组织领导、人事经理、工程管理人员、保安人员、公共关系部门负责人、后勤部门领导等。如果企业有分支机构，每个分支机构、子公司、分厂都应向委员会派出代表。企业还可以根据公共关系危机事件内容和可能的发展趋势，确定是否聘请外部专家介入公共关系危机处理工作，有些公共关系危机只有专业的、经验丰富的公共关系专家才能解决。

（4）印制公共关系危机管理手册

企业可将公共关系危机预测、公共关系危机情况和相应的措施以通俗易懂的语言编印成手册，可以配一些示意图，然后将这些手册发给全体员工；还可以通过多种形式，如通过录像、动画片、幻灯片等向员工全面介绍应对公共关系危机的方法。

（5）确定企业新闻发言人

企业应确定一个专门负责公共关系危机管理的企业新闻发言人，代表企业对外讲话（参见本书6.3节相关内容）。

（6）事先与媒体建立伙伴关系

企业要想在公共关系危机来临时占据主动地位，就必须在日常的工作中与媒体建立互信双赢的伙伴关系，从而在危机来临时通过媒体与社会各界多方沟通，加速化解公共关系危机。

（7）建立处理公共关系危机的关系网络

企业根据预测的可能发生的公共关系危机，与处理公共关系危机的有关单位联系，建立合作网络，以便公共关系危机到来时能很好地合作。这些单位有医院、消防队、公安部门、媒体、相关的科研单位、同行业兄弟单位、保险公司、银行等。

（8）做好公共关系内部培训

处理公共关系危机是公共关系工作中的一项重要内容，企业可专门对公共关系从业人员进行模拟公共关系危机处理的培训，以提升其处理公共关系危机的能力；为其提供各种处理公共关系危机的案例，使之从各类事件中汲取经验和教训，在心理上做好处理各种公共关系危机的准备。

3. 公共关系危机处理的步骤

公共关系危机爆发后，企业可按以下步骤处理，如图8-9所示。

（1）听取意见

公共关系危机常表现为有公众投诉、来信或通过新闻界向企业提出严厉的批评。他们或许会有偏见，措辞可能很尖锐，甚至还会让人觉得尖刻、难以接受，但不管怎样，企业都要本着"一切为公众"的宗旨，认真而耐心地倾听，全面了解各方的意见，尤其是负面意见。

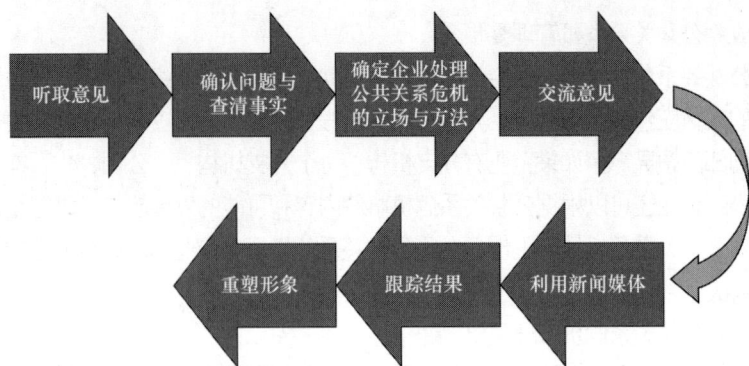

图 8-9 公共关系危机处理的步骤

（2）确认问题与查清事实

企业形象受到损害时，公共关系危机处理机构的专职人员或企业处理公共关系危机的主要负责人员应立即出动，向有关部门、地区或公众了解事情的来龙去脉、前因后果，并迅速协同有关部门分析事件发生原因，找出主要责任人，然后在事实材料的基础上，判断公共关系危机事件的性质及严重性。

（3）确定企业处理公共关系危机的立场及方法

做了以上工作后，企业应当确定处理公共关系危机的立场及方法，包括企业的态度，将要采取的基本方法和措施。需要注意的是，无论是由企业自身失误造成公共关系危机，还是由公众的误解或少数人蓄意制造事端而引发公共关系危机，企业都应诚恳大度，不要仅仅从企业自身利益出发，急于辩白，为企业洗清冤屈，那样做效果往往很不理想。公众利益优先是公共关系实施的原则，"先利他后利己"是处理公共关系危机的真谛，企业要把公众的利益放在首位，以补救后的事实及公众的反应来证实企业兑现了对公众的承诺，争取重塑自己在公众心目中美好的形象。

（4）交流意见

与发生纠纷的对方充分交流意见，求同存异，获得谅解，这是公共关系危机管理中重要的一环。这种交流，可以在企业与公众之间进行，也可通过新闻媒体进行，甚至还可以利用其他的传播形式，如人际传播、组织公众参观设施及生产过程、向公众分发业务宣传资料等，以求改变公众的态度，寻求共同的利益点及相似的观点。若双方存在尖锐的冲突，可请第三方主持会议，以免在单独面谈的过程中发生冲突。企业在交流意见时要注意到公共关系危机发生将会触及各类公众的利益，对此应分别进行处理。

（5）利用新闻媒体

在公共关系危机处理期间，新闻媒体自始至终都对事件的发展十分关注，因此企业应正确对待新闻媒体，尽力利用新闻媒体，重建企业形象。为此，企业要端正对待新闻媒体的态度，把公共关系危机事件的真相尽快告诉新闻媒体，利用新闻媒体传播信息，并注意无论是在公共关系危机发生时，还是处理之后都要与新闻媒体保持良好的关系。

（6）跟踪结果

处理了公共关系危机事件后，企业还应对这次矫正、补救工作的效果进行及时的检验，判断原有的问题是否得到彻底解决，公众对企业的印象有无改变，企业的不利局面是否扭转等。这样既能使企业对这次工作的效果做到心中有数，又可为今后处理此类事件提供宝贵的参考资料。

（7）重塑形象

公共关系危机平息后，公共关系从业人员的重点工作是树立重建组织良好形象的强烈意识和目标，采取有效措施，尽快对企业进行形象重塑，恢复企业在公众心目中的形象和地位。

4. 公共关系危机的转化

公共关系危机也是可以转化的。例如，威廉斯太太从超市买回两罐××可乐给孩子，孩子喝完以后，无意将易拉罐倒扣在桌上，竟然将一枚针头倒了出来。她立即向新闻媒体揭发此事，竞争对手也趁机大力宣传自己的产品，一时间，××可乐成为众矢之的。××可乐公司得到"针头事件"的消息后，立即采取了措施，一方面通过新闻媒体向威廉斯太太道歉，并请她讲述事件经过，感谢她对××可乐的信任，为××可乐严把了质量关，并给了威廉斯太太一笔可观的慰问金以示安慰。××可乐公司还向消费者宣布，谁若在××可乐中再发现类似问题，必有重奖。另一方面，××可乐公司在生产线上进行更加严格的质量检验，并请威廉斯太太参观，使她确信××可乐质量可靠，并最终赢得了她的赞扬。该事件的合理解决，缓和了矛盾，打消了消费者的顾虑，刺激了消费者的好奇心，此次公共关系危机不仅没有使销量下降，反而使购买××可乐的消费者倍增。××可乐获知"针头事件"的消息后，迅速、果断地采取上述一系列措施，在突如其来的公共关系危机下，勇敢地面对现实，极力挽回企业的信誉和市场占有率。

从案例中可以看出，企业要意识到维护公共关系的重要性。企业如果遇到公共关系危机要妥善处理，认识到承担社会责任是维系良好公共关系的不二法门，同时也要认识到公共关系危机亦可能是转机，公共关系危机往往是企业向公众展示其强大的传播能力和生存能力的好机会。有时，企业对公共关系危机处理得当，甚至能将坏事变成好事，反败为胜，增加企业的社会影响力。成功的公共关系危机管理不仅可以使企业通过有效行动转危为安，而且可以使企业总结、提炼经验，从而反败为胜。

📕 项目小结

本项目介绍公共关系专题活动和公共关系危机管理的相关知识，主要包括以下几点。

（1）公共关系专题活动，是指组织为实现某一特定的目的，通过策划和安排，举办的有较多有关人员参加的、主题明确的专门活动。

（2）主要公共关系专题活动的定义：①庆典是围绕重要节日或重要活动开幕等而举行的庆祝活动；②展览展销是指通过实物并辅以文字、图形或示范性的表演来展现组织的成果，以塑造组织形象、促进产品销售的专题活动；③新闻发布会是指组织为直接向新闻界发布有关组织的信息、解释组织重大事件而举办的活动；④赞助是组织通过无偿地提供资金或物质对各种社会公益事业作出贡献，以提高组织的社会声誉，树立良好的组织形象的公共关系专题活动；⑤开放参观是指组织为了让公众更好地了解自己，或为消除公众对本组织的某些误解，由公共关系部门负责组织和邀请有关公众前来本组织参观的活动；⑥公共关系谈判是指双方或数方组织就一项涉及各方利益的问题，通过协商，经反复调整各自的目标，在满足各方利益的前提下取得一致意见的过程。

（3）公共关系危机是企业经营过程中的一段不稳定的时间和一种不稳定的状态。企业公共关系危机经常表现为某些突发事件严重影响企业生产经营活动的正常进行，使企业形象受到严重损害，甚至影响企业的生存。公共关系危机有多种类型。公共关系危机的特点：①危机的突发性；②事态的变化性；③后果的严重性；④公众的敏感性；⑤事件的余波性。

（4）公共关系危机管理又称风险管理，是因公众误会或组织的失误而给公众造成损失，以致组织自身的形象受损时，组织为恢复和巩固公众的信任而采取的一切有效的公共关系手段的总称。公共关系危机管理的原则：①事实性原则；②及时性原则；③冷静性原则；④公众性原则；⑤全面性原则。

（5）公共关系危机的预防：①建立健全公共关系危机预警系统；②制订公共关系应急计划；③成立公共关系危机管理委员会；④印制公共关系危机管理手册；⑤确定企业新闻发言人；⑥事先与媒体建立伙伴关系；⑦建立处理公共关系危机的关系网络；⑧做好内部培训。公共关系危机处理的步骤：①听取意见；②确认问题与查清事实；③确定企业处理公共关系危机的立场及方法；④交流意见；⑤利用新闻媒体；⑥跟踪结果；⑦重塑形象。

（6）公共关系危机如果处理得当，就能转化危机，提高组织的社会声誉，反败为胜。

项目练习题

一、多项选择题

1. 下列属于公共关系专题活动的有（　　）。
   A. 庆典　　　　　　B. 编写宣传材料　　C. 来访者接待　　　D. 新闻发布会
2. 举办展览展销的作用有（　　）。
   A. 自我调节　　　　B. 自我定位　　　　C. 自我宣传　　　　D. 增进效益

3. 赞助时必须注意（　　）。

　　A. 能够很快获得回报　　　　　　　　B. 传播目标明确

　　C. 受资助者的声誉和影响　　　　　　D. 本组织的经济承受能力

4. 赞助的主要对象有（　　）。

　　A. 体育事业　　　　　　　　　　　　B. 文化事业

　　C. 教育事业　　　　　　　　　　　　D. 社会福利和慈善事业

5. 以下时间中适合开展开放参观的有（　　）。

　　A. 喜庆的日子　　　　　　　　　　　B. 员工们工作的时间

　　C. 公众方便的时间　　　　　　　　　D. 避开严寒酷暑的时间

6. 公共关系危机的特点有（　　）。

　　A. 危机的突发性　　B. 事态的变化性　　C. 后果的严重性　　D. 公众的敏感性

　　E. 事件的余波性

7. 公共关系危机管理的原则包括（　　）。

　　A. 事实性原则　　　　B. 及时性原则　　　　C. 冷静性原则　　　　D. 公众性原则

　　E. 全面性原则

二、判断题

1. 公共关系专题活动施加影响的对象是组织的所有公众。（　　）

2. 社会赞助活动无须固定主题，只要是公益活动即可。（　　）

3. 出资赞助社会公益事业，有助于为企业经济效益的提高创造良好的社会大环境，所以赞助是以提高经济效益为重要目的的。（　　）

4. 新闻发布会的最大优点是所公布的信息真实、可信度高，容易使组织和新闻界之间相互理解和良好沟通。（　　）

5. 庆典活动可渲染气氛，使参加者情绪受到感染，从而提升传播效果。（　　）

6. 开放参观活动是组织通过直接的人际接触传递组织信息，谋求公众的好感与信任的有效手段之一。（　　）

7. 现代谈判模式下的公共关系谈判者不把对方看作敌人，而将其看作合作者。（　　）

8. 组织发生公共关系危机时，不应声张，应该默默地做好公共关系基础工作。（　　）

9. 公共关系危机稍微平息时，企业可邀请记者参观生产现场，请媒体在做追踪报道时进行反报道，以迅速恢复企业的正面形象。（　　）

三、名词解释题

公共关系专题活动　新闻发布会　公共关系危机管理　公共关系危机预警系统

四、问答题

1. 公共关系专题活动的主要形式有哪些？

2. 如何策划开业庆典？

3. 庆典的准备工作主要有哪些？

4. 举办新闻发布会有哪些注意事项？

5. 何谓赞助？赞助有哪些作用？

6. 何谓公共关系谈判？公共关系谈判的原则是什么？

7. 简述公共关系危机管理的原则及其实际应用。

8. 如何预防公共关系危机？

9. 公共关系危机处理的步骤有哪些？

10. 公共关系危机可能转化吗？如果可能，你认为怎样才能实现？

五、案例分析题

案例分析题1

"一星差评"公共关系危机管理

谁能想到一个强大的 App 有一天被小学生逼得启动了公共关系危机管理程序。

某 App 被教育部选为小学生上网课的平台。该 App 本以为自己业务能力过硬，得到官方认可，万万没想到虽拥有 11 亿次的下载量，但整体评分却只有一星。这是因为小学生不满网课侵占了他们本以为延长的假期而置气于网课平台——该 App，于是给该 App 的评分为一星。

该 App 立即做出反应。2020 年 2 月 14 日，该 App 官方微博发微博 "求饶"，求小学生们 "高抬贵手"。该 App 所属集团官微声援该 App，采用接地气的刷屏互动方式 "求情"。该 App 向目标用户真诚道歉，让五星好评似乎也有了可以商量的余地。最终，在一系列努力下，2020 年 2 月 20 日，该 App 的评分逐步提高到了两星半。

1. 该 App 被小学生组团打一星的事件是一次公共关系危机事件吗？如果是，请分析其类型和诱因。

2. 遭遇公共关系危机后，该 App 是如何开展相关工作的？

3. 该 App 采取了哪些 "化危为机" 的策略？

案例分析题2

某食品企业公共关系危机处理分析

某律师在购买当地一家颇有影响力的食品企业所生产的食品时，发现食品存在严重的质量问题。他与企业进行了交涉，企业接待人员回复说研究后给予答复，但此后便没了下文。律师无奈将有质量问题的食品拿到当地一家颇有影响力的报社，将情况反映给记者，该报社遂派记者到企业现场采访。记者在企业内拍到了许多违反国家食品生产规定的生产现场照片。企业领导发现后强行索要记者所拍资料，索要没有成功后竟然将记者扣留。记者被困一个多小时后，在当地公安人员赶到后才安全返回。事后，该报社以系列报道的形式将消费者反映的有关该企业的问题、记者在企业的上述经历以及所拍摄的材料公之于众，企业经营一时陷入困境。

1. 该企业经营陷入困境的原因是什么？

2. 如果你是该企业的负责人，从公共关系危机管理的角度谈谈你将如何处理此事。

项目实训一：新闻发布会的策划

1. 实训项目

策划新闻发布会。

2. 实训目的

了解新闻发布会的筹划及准备工作的内容。

3. 实训内容

某公司最近推出一新款手机，为配合该手机的推广，公司准备举行一次新闻发布会。

4. 实训要求

以某公司新款手机推广为主题，设计并举办一次小型新闻发布会。由学生扮演新闻发言人和记者，就大家关心的相关问题进行问答。要求学生事先了解举办新闻发布会的注意事项，学习并掌握发问和回答的技巧，以增强新闻发布会的效果。

项目实训二：公共关系谈判的策划

假设你是 A 市汽车配件有限公司的总经理，代表本公司与国外 B 公司就汽车配件销售项目进行公共关系谈判。

1. 实训目的

通过模拟公共关系谈判，掌握公共关系谈判的策略和语言技巧。

2. 背景材料

A 市汽车配件有限公司总经理与国外 B 公司进行汽车配件销售项目的谈判，在价格方面陷入了僵局。这时我方获得情报：B 公司之前与其他商家签订的合同不能履行，而 B 公司又与自己的客户签订了供货合同，B 公司客户要货甚急，B 公司陷入了被动的境地。我方根据这份情报，在接下来的谈判中沉着应对。最终 B 公司的谈判人员终于沉不住气，签订了购买汽车配件的合同。

3. 实训设计

（1）将学生进行分组，6~8 人一组，两组一场，分别扮演公共关系谈判中的甲方和乙方。

（2）布置谈判场地，营造谈判所需要的现场气氛。

（3）谈判需严格遵守谈判原则，围绕特定主题进行。

（4）教师评点学生的模拟谈判，指导应用相关技能。

（5）评分标准：小组自我评分占 20%，学生互评占 20%，教师评分占 60%。

参考文献

［1］黄昌年. 公共关系学教程[M]. 杭州：浙江大学出版社，2020.

［2］赵娇，黄艳丽. 新编公共关系实务[M]. 大连：大连理工大学出版社，2016.

［3］万国邦. 公共关系教程 [M]. 5 版 北京：机械工业出版社，2020.

［4］曹艳红，冯惠棠. 公共关系理论、实务与技能训练[M]. 北京：中国人民大学出版社，2019.

［5］杨再春，林瑜彬. 公共关系理论与实务 [M]. 2 版. 北京：机械工业出版社，2016.

［6］朱权. 公共关系基础与实务 [M]. 3 版. 北京：机械工业出版社，2018.

［7］李兴国. 公共关系实用教程 [M]. 4 版. 北京：高等教育出版社，2021.

［8］王光华. 公共关系案例与实训教程[M]. 北京：中国人民大学出版社，2017.

［9］蒋楠. 公共关系原理与实务 [M]. 5 版. 北京：中国人民大学出版社，2020.

［10］马晶，孙晓波. 公共关系实务[M]. 北京：清华大学出版社，2018.

［11］李朝霞，李占文. 公共关系实务[M]. 北京：中国医药科技出版社，2017.

［12］魏翠芬. 公共关系理论与实务 [M]. 4 版. 北京：北京交通大学出版社，2021.

［13］成光琳. 公共关系原理与实务 [M]. 2 版. 北京：中国人民大学出版社，2019.

［14］张丽娟. 公共关系实务[M]. 北京：中国人民大学出版社，2020.

［15］霍瑞红. 公共关系实务 [M]. 3 版. 北京：中国人民大学出版社，2020.

［16］张岩松，张言刚. 公共关系实务 [M]. 2 版. 北京：清华大学出版社，2022.

［17］蒋俊凯，陈辉. 公共关系理论与实务教程[M]. 北京：化学工业出版社，2020.

［18］张岩松. 公共关系与商务礼仪 [M]. 2 版. 北京：清华大学出版社，2021.

［19］王秀方. 公共关系理论与实务 [M]. 2 版. 北京：清华大学出版社，2018.

［20］秦东华，惠春. 公共关系基础 [M]. 3 版. 北京：人民卫生出版社，2019.

［21］李秀忠，曲延春. 公共关系原理与实务[M]. 北京：人民邮电出版社，2017.

［22］杨加陆. 公共关系学 [M]. 2 版. 上海：复旦大学出版社，2021.

［23］王伟青，姬静. 公共关系理论与实务[M]. 北京：机械工业出版社，2022.

［24］赵轶. 公共关系实务（微课案例版） [M]. 2 版. 北京：人民邮电出版社，2017.

［25］司爱丽，王祥武. 公共关系实用教程 [M]. 3 版. 北京：机械工业出版社，2020.

［26］张践. 公共关系学 [M]. 2 版. 北京：中国人民大学出版社，2018.